「食」の図書館

# レモンの歴史

LEMON: A GLOBAL HISTORY

TOBY SONNEMAN
トビー・ゾンネマン【著】
高尾 菜つこ【訳】

原書房

# 目次

［……］は翻訳者による注記である。

# 序章◉レモンの香り

もしこの世でひとつしか果物を選べないとしたら、私は迷わずレモンを選ぶ。
――ローリー・コルウィン『もっとホーム・クッキング *More Home Cooking*』

10年前の私なら、正直、この引用には共感できなかっただろう。ラズベリーやプラム、モモやナシ、アプリコット、リンゴやマンゴーなど、私は果物が大好きだが、一番のお気に入りにレモンはけっして選ばなかったに違いない。

ところが、ひどい偏頭痛持ちだった私は、痛みを引き起こす原因が食べものにあるのではないかと思い、さまざまな食べものを自分の食事から除去してみた。それには柑橘《かんきつ》類も含まれていたのだが、なくてもっとも不自由したのはなんとレモンだった。私は自分でも気づかないうちに、レモン汁をサラダや野菜、魚などにかけたり、レモンの皮を焼き菓子に加えたりしていたのである。レモンなしの食事は、すべてがなんとなくぼんやりした味で、あのき

レモンはインド原産だが、今は世界中の亜熱帯地域に生育している。

りりとした酸味に欠けていた。

　レモンが偏頭痛に影響しないことがわかると、私はすぐにスーパーへ走り、レモンを何袋も買い込んだ。家中の器にレモンを山盛りにして、レモネードやレモンメレンゲ・パイを作り、レモン畑を歩き、レモンのことはなんでも知りたいと思うようになった。短い間ではあったが、レモンなしの生活は私にそのありがたみを改めて感じさせてくれた。私はもう二度とレモンを「あって当たり前」の存在のように考えたりしないだろう。

　レモンの歴史を調べていて、私はその原種といわれるシトロンが自分にちょっとした関わりがあることを知った。シトロンは、ユダヤ教の秋の収穫祭に欠かせない果物なのである。シトロンは私の先祖にとってとても重要な果物だ。1913年に祖母がロシアからアメリカへ渡ったとき、彼女は銀の楕円形の容器を携えてきたのだが、これは7日間の祭りの間、シトロンを新鮮に保つための特別な容器だった。祭りが終わると、祖母はシトロンの皮で砂糖漬けを作り、それを私の母をはじめ、赤ん坊を産んだばかりの女性たちに配った。シトロンのジャムは産後の女性の体力回復に効くと信じられていたからだ。

　家族の歴史や多くの本から得た知識のほかに、私はさまざまな場所や人からもレモンについて学んだ。シチリア島（イタリア）のレモン・リヴィエラで、ザッパラ＆トリッシの小さな青いバスに乗り、レモン畑が続く道をぐねぐねと進んで、海岸沿いの村をめぐったときのことだ。私は農作業を体験できるレモン農園に数日滞在し、シチリア料理の権威であるエレオノーラ・コンソリさんを訪ねた。彼女はこの島の料理や歴史についての知識、そしてレモンへの愛情を私に惜しみなく話してくれた。

「柑橘の花の香りに私たちの足を止まり、天国の片隅にいるような気分になる」と、彼女は柑橘類に関する料理本の中に書いている。レモンの木々が生い茂るこの島では、そんな天国の片隅はごく身近にあるのだ。

さらにイタリア北部、アルプス山脈の麓《ふもと》へと足を伸ばした私は、復元された17世紀のレモンの温室を訪ね、かつて北に住む人々にとって、新鮮なレモンがいかに貴重なものだったかを知った。

また、南イタリアのアマルフィ海岸はレモンで有名だが、私がそのすばらしさを本当に実感したのは、レモン畑の連なる急斜面にめぐらされた石段を登り、地中海を見下ろしたときだった。古い石垣が細長い段々畑に造られた小さな果樹園を支え、それぞれがレモンの枝葉や黄色い果実のからんだ格子棚のタペストリーのようで、一帯が芳香に包まれていた。私は人間の手によって造られた、これほど見事な景色に出会ったことがなかった。それは長い年月を重ねながらも、生命力にあふれていた。

同じく、私にとってより身近なカリフォルニアのレモン畑もすばらしかった。南カリフォ

マイヤーレモン（右の光沢のあるもの）と斑（まだら）入りのピンクレモン、そして一般的なレモン（ユーレカかリスボン）。

ルニアを何度も訪れ、果樹園や包装工場、加工施設、そしてW・P・ビターズ名誉教授による見事な柑橘類品種コレクションを見学して、私はレモンの魅力に取りつかれた。

あれから何年もたつが、私は今もキッチンにボウル一杯のレモンを常備している。レモンの皮のアロマオイルを嗅ぐだけで、私は12月のある日、南カリフォルニアの果樹園の中を、レモンの木々や花、果実のさわやかな香りに抱かれて歩いた喜びを思い出す。人を元気にしてくれるようなレモンの清々《すがすが》しい香りは、私の心を幾度となくあの日に引き戻す——何世紀もの間、世界中の人々をそうしてきたように。今、もしこの世でひとつしか果物を選べないとしたら、私は迷わずレモンを選ぶ。

# 第1章 ◉ 起源と執着

柑橘の木が最初に誕生したのは、東アジアからオーストラリアにかけての地域にその実を食べる人々が現れるずっと以前のことだった。植物学者によれば、アジアとオーストラリアがひとつの大陸としてつながっていた約2000万年前、マンダリン、ザボン、そしてシトロンという柑橘の3つの野生種が自然発生した。今日、私たちが知っている他の柑橘類――オレンジ、グレープフルーツ、レモン、ライム――はすべて、この3つの自然交雑《こうざつ》によって生まれた交配種である。

レモンは、その遺伝的特徴のほとんどをシトロンから受け継いでいる。シトロンは異様に大きく、でこぼこしたレモンといった感じの果物で、実際、イタリアの青果市場を訪れた人はよくシトロンを巨大なレモンと間違える。しかし、レモネードのグラスにシトロンの果汁をしぼって入れてみれば、誰もがその水気のない果肉の苦みにがっかりするだろう。シトロンのすばらしさは、食材としての価値ではなく、精神的象徴や宗教的信仰の対象としての歴史にあるのだ。

## ◉古代の旅

シトロンの起源は、おそらくインド北東部に自生していた野生種にある。シトロンはもっとも古くから記録に残されている柑橘類のひとつで、その種子は紀元前4000年のメソポタミアの発掘現場で見つかっている。シトロンについて記した最古の文献は、紀元前800年以前に書かれたヒンドゥー教の聖典である。

シトロンがどうやって、あるいはなぜインドからメディア（現在のイラン北西部にあった古代王国）へ渡ったのかについては不明だが、紀元前600年までにシトロンはさらにペルシア、バビロニアへと南下し、そこで国を追われたユダヤ人に見出され、やがてパレスチナへ伝えられた。そして紀元前300年頃、シトロンはインドからマケドニアへ戻ったアレクサンダー大王の軍隊によって地中海へもたらされた。こうしてシトロンは、ヨーロッパに最初に伝わって栽培された柑橘類となり、地中海地域の柑橘栽培をやがて大きく花開かせ

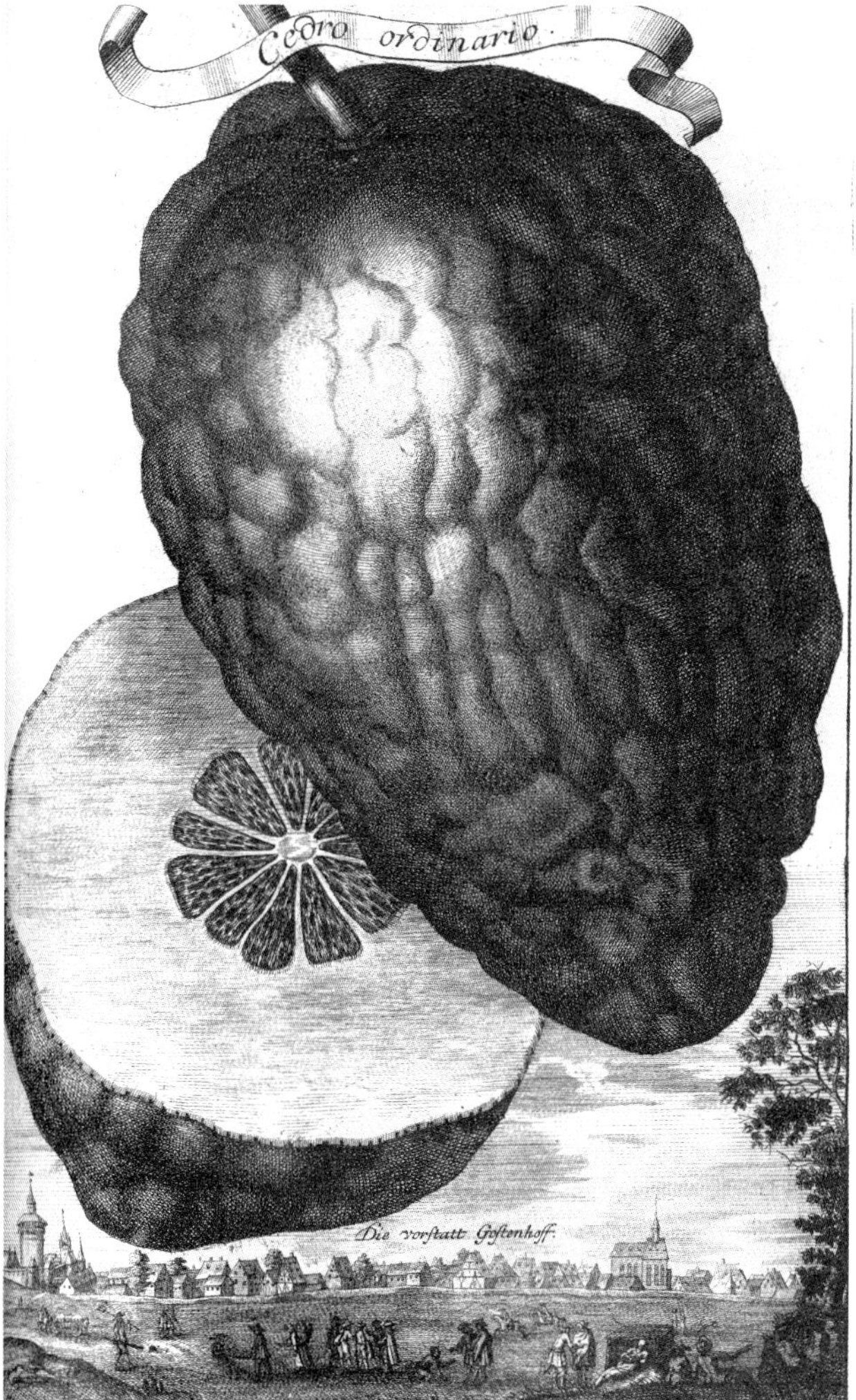


J・C・フォルカマーの『ニュルンベルク・ヘスペリデス *Nürnbergische Hesperides*』（1708年）より、Cedro Ordinario（普通のシトロン）。

た。

　シトロンはメディアに生育していたことから、ギリシアでは「メディアン・アップル（Median apple）」と呼ばれ、学名の *Citrus medica* はこれに由来していると思われる。しかし、ギリシア語の kitrion は、おそらくヒマラヤスギの球果《きゅうか》を意味する kedris から派生したもので、実際、熟す前のシトロンは形や色がこれとよく似ている。イタリア語の cedro も、やはりヒマラヤスギ（cedar）との植物学的というより視覚的な結びつきを反映している。

　ラテン語では、citron という言葉が柑橘類全体に使われるようになった。やがてフランス語、ドイツ語、ポーランド語、チェコ語、スロバキア語、スカンジナビア語で、citron（もしくはその類似語）がレモンの呼び名として取り入れられ、多くの言語学的混乱を招いた。歴史的文書に出てくる citron がレモンを指すのか、それともシトロンを指すのかを判断するには、専門的な調査が必要である。ちなみに、英語の citron はレモンではなく、その原種を指す。

　どのような名前で呼ばれていたにせよ、シトロンは古代の人々に珍重されていた。だが、人々はシトロンのどんなところにそれほど魅力を感じていたのだろう。今日、私たちは柑橘類をその風味やみずみずしさで評価する。つまり、その独特の内部構造が生み出す結果を評価するわけだ。果実が形成されると、皮はしだいに厚くなり、内部では果肉がいくつかの袋に分かれてふくらみ、普通は果汁で満たされる。甘さに欠けるレモンでさえ、きりりとした酸味の豊かさで評価される。

シトロンはそうではない。その分厚い皮の下には、アルベドと呼ばれる白いスポンジのような層――わずかに甘みがあり、味覚を刺激するようなものではないが、古代の人々はときにこれをサラダに用いた――と、細かい種子が散らばった淡緑色の小さな車輪のような果肉がある。この種だらけの果肉には水気がなく、酸味にも不快な苦みがある。要するに、シトロンはおいしくないのだ。ギリシアの哲学者で植物学の祖であるテオフラストスは、シトロンをこう記している――「その実は食用に向かないが、得も言われぬ香りをもつ」。

何世紀もしてから、食用に向かないというシトロンの地位に唯一の重要な例外が生まれた。それはシトロンの皮の砂糖漬けであり、イタリアのパネトーネや英国のフルーツケーキには欠かせない香味料である。このお菓子が発展したのは15世紀で、シトロンの皮は40日間、海水に浸してから砂糖水に漬けられた。

今日、砂糖漬け用に栽培されたシトロンの大部分はプエルトリコ産で、そこでは3か月間シトロンをコンクリート製の桶の中で醗酵させる。その後、果肉を取り除き、小さな角切りにして、塩（と硫化物）を含んだ水とともに木製の樽に入れて出荷される。そして、オランダやドイツなどの菓子メーカーによって脱塩処理がなされ、煮込まれ、濃縮シロップに漬け

この絵はレオナルディ・ヴィンチェンツォによる1646年頃のもので、17世紀の自然科学者カッシアーノ・ダル・ポッツォのコレクションの中の1枚。アルベドと呼ばれるシトロンの白い内部組織が描かれている。

られる。[1] 混ぜ物なしの生のシトロンについては、世界のほとんどどこにもその市場はない。

しかし、そんな食用に向かないシトロンだったが、古代の人々はこれを珍重した。テオフラストスも、その約４００年後に現れたローマの博物学者大プリニウスも、シトロンをあらゆる病気に効く薬であり、解毒剤であると考えた。それは蛇の咬み傷や船酔い、赤痢、筋肉痛、痛風、胃痛、そして咳を治すと言われていた。医師たちは、息切れの薬としてシトロンの花を処方したり、砕いたシトロンの種子とワインを混ぜて下剤にしたり、シトロンのさまざまな部分を口臭予防に利用したりした。

とりわけ、シトロンはその「得も言われぬ香り」が珍重された。柑橘類の皮には、精油を含んだ小さな腺《せん》がたくさんあり、ほとんどどの柑橘油もよい香りがする。しかしシトロンの香りは格別で、レモンとライムを合わせたようなその濃厚な香りは、ひと息吸い込むだけで花のような甘さと柑橘のさわやかさの両方が感じられる。シトロンの最大の魅力は、まさに皮にあるのだ。

植物学者が「もっともすばらしい性質をもつ」と記したシトロンの精油は、人々のあこがれの高級品となり、気高さと豊かさを象徴する香りとなった。ローマ時代には、シトロンは新婚夫婦の部屋に飾られ、愛の香水としても知られた。[2]

古代の植物学者たちは、シトロンの精油を抽出するために手間のかかる方法をいくつも提案した。ある植物学者はゴマ油に浸した脱脂綿で、生育中のシトロンを40日間、1日3回拭くように指示していた。こうして120回にわたる拭き取りを終えて初めて調香師がシトロンを摘み、小さな銀のスプーンでその皮から丁寧に油分をこすり取った。これほど大変な作業からしても、シトロンの精油は金よりも貴重だったに違いない。

## ◉聖なる果実

実際、古代では、シトロンは値のつけようがないほど貴重な存在だった。というのも、その香りは神を呼び起こすものだったからだ。「シトロンはつねに魔術や宗教と不思議な結びつきをもっていたようだ」と、食物史家のアラン・デーヴィッドソンは『オックスフォード食物必携 *The Oxford Companion to Food*』に書いている。[3] ヒンドゥー教徒は、富の神クベーラが繁栄の象徴としてのシトロンを手にした姿を描いた。ユダヤ教徒はそれを宗教的慣習の重要な道具として用いた。

4世紀にシトロンが中国へ伝わったのち、仏教徒は仏手柑（ブッシュカン）を珍重した。これはシトロンの変種で、果実の先が何本もの指のように長く裂けており、その指の部分を合わせた様子が合掌に似ていることからそう名づけられた。中国や日本では、この仏手柑が

無名の画家による『仏手柑』、1822～40年頃。仏手柑は4世紀以降、中国で栽培された。中国や日本の仏教徒はこれを家庭や寺院の祭壇の供物として用いている。

家庭や寺院の祭壇の供物として今も大切にされており、その香りは幸福を招くと言われている。

また、7世紀にはイスラムの預言者ムハンマドがシトロンを真の信仰の象徴とし、「コーランを唱える信者は、甘い香りと味をもつシトロンのようなものだ」と言った。

一方、古代のユダヤ人にとって、シトロンはまったく異なる次元のものだった。それは繁栄や幸福、あるいは精神性さえも超越していた。それはどこへでも彼らとともに旅する果物であり、硬貨に描かれた黄金の像であり、アイデンティティーの特別な象徴だった。

聖書の時代の農耕民族として、ユダヤ人は仮庵《かりいお》の祭りという収穫祭を、1年でもっとも重要な祝節《しゅくせつ》と考えていた。それは、ただ「祭り」と言えば仮庵の祭りを指すほど、大きな意味をもつものだった。もちろん他の民族にも収穫の祝いはあったが、ユダヤのこの祝節を特徴づけていたのはシトロン――ヘブライ語でetrog――の存在で、これは3種の枝（ルラブと呼ばれる）とともに「立派な木の実を取って来る」というモーセ五書の戒律に従っている。祝節はエジプト脱出後のユダヤ人が荒野をさまよった40年間を記念したもので、これらはその中心的な祈りに欠かせないシンボルとなった。

国を追われ、流浪の身となったヘブライ人たちは、ひとつの民族とその不屈の精神、さすらいの日々、そして復活の力を表す目に見える自然の象徴として、シトロンを選んだ。毎秋、

ユダヤの収穫祭、仮庵の祭りには、ルラブ（ギンバイカと柳の枝で束ねたシュロの枝）とシトロン（etrog）が必要で、どちらもこの祭りには欠かせないシンボル。

彼らは聖書の掟を実行するために、新鮮で傷のないシトロンを必要とした。そこで彼らはシトロンの栽培を始め、どこへ旅してもその木を育てた。

紀元70年のエルサレム陥落後、行き場を失ったユダヤ人たちはローマ帝国中に離散したが、彼らは逃げた先々でも柑橘畑を造った。こうしてシトロンの木はスペイン、北アフリカ、小アジア、エーゲ海、ギリシア、イタリアの地に根づいた。実際、ユダヤ人がシトロンを毎年必要としたこと――宗教上の理由による市場の需要基盤――が地中海地域での柑橘栽培を活気づけ、それはのちにアラブの影響下で花開くこととなった。

何世紀もの間、亜熱帯や地中海の柑橘栽培地域から遠く離れて暮らしていたユダヤ人たちは、聖書の掟通りの、傷のない完璧なシトロンを手に入れるために、途方もない代価を払わなければならなかった。そしてそこに有利な商売が生まれた。目端《めはし》の利く商人たちは、ときには王や公爵から特権を与えてもらうために法外な金を支払いながら、最高のシトロンを買いつけるために寒いオーストリアやドイツ、ポーランドからはるばる旅に出ていった。ただし、その見返りがどうであれ、当時の船旅は不確かで危険に満ちたものだった。

シトロンは祝節に間に合うように着くだろうか。儀式に使うための厳しい要件を満たすだろうか。最高の品を買えるだけの金はあるだろうか。寒い地域に住むユダヤ人たちは、祝節の季節が来るたびに、特別に栽培されたシトロンを積んでイタリアやスペイン、コルシカ島、

コルフ島、あるいは（1850年以降の）パレスチナからやって来る船を、不安な思いで待った。(4)

ありったけの運と財力で集めたシトロンが儀式の基準を満たし、仮庵の祭りにも間に合って到着すると、ユダヤ人家族はそれを深い敬意とともに大切に扱った。衝撃や乾燥を防ぐため、シトロンは精巧に作られた銀や木の箱に収められ、柔らかい亜麻布の分厚いクッションの上に置かれた。まさに王様のような扱いだった。

ショーレム・アレイヘムの言葉を借りれば、それは「保管を任されたダイヤモンドか稀少な宝石、大切な家宝」のごとく、「命と同じくらい貴重なものとして、（中略）ひ弱な子供のように優しく亜麻布でくるまれた」(5)。祝祭中、毎朝、祈りのためにその箱が開かれ、シトロンが取り出されるたびに、神聖な香りが広がった。

伝統として、祭りが終わるとシトロンはその儀式的な役割を退き、世俗の用途のために女性たちの手に渡された。民間信仰でシトロンは女性と特別なつながりをもっているとされ、祝節後のさまざまな古い慣習から妊娠や出産と結びつけられた。男児を望む子供のいない女性はシトロンの先端を噛むように言われ、陣痛に苦しむ女性はシトロンの先端を枕の下に入れると痛みが和らぐとされた。

ユダヤ教の律法や習慣などをまとめたタルムードによれば、祝節後にシトロンを食べた妊婦は「香り豊かな」子供を産むとされ、これは「立派な」子供を意味する。女性たちがシトロンの皮を何日か水に浸して苦みを取り、それをマーマレードにして産後の母親たちに与えたのは、その黄金色のジャムが産後の体力回復を助けると言われていたからだ。(6)

ある4世紀のキリスト教の司教は、「たかがレモンにそこまで執着するなど、愚かしいことだ」と書き、ユダヤ教徒のシトロンへの熱意をけなした(しかも、シトロンをレモンと混同した)(7)。当時、何世紀にもわたるユダヤ人とシトロンとの結びつきはとくに強かった。

4世紀末にはヨーロッパの柑橘畑の多くが蛮族の侵略によって破壊されたが、いくつかのシトロン畑が南イタリアやシチリア、スペインに残ったのは、おそらくシトロンが宗教的慣習に不可欠であったばかりか、民族の特別な象徴でもあったからだろう。ただ、宗教的要因が柑橘類をヨーロッパに広めるきっかけになった一方で、その継続を確かなものにしたのは経済的要因だった。

## ◉伝統

この何世紀かで、仮庵の祭りの重要性が多くのユダヤ人にとって薄れてきたにもかかわらず、正統派のユダヤ人社会は今も厳格な伝統にこだわり、どの家庭でも財政が許すかぎりの理想的なetrog（シトロン）が選ばれる。儀式に使うシトロンには、どんな傷や痕、ひび割れ、虫食い、変色、欠けも許されないため、超正統派のユダヤ人の厳密な基準を満たした最高級のシトロンは、祝節の数日間、世界でもっとも高価な果物となり、何百ドルという値で売られる。

儀式用シトロンの栽培を継続させているものは伝統と完璧を求める心だが、この仕事は非常に儲かる一方で、非常に厳しいものでもある。16世紀のラビの法令で、etrogの木をより丈夫で病気に強い台木に接ぎ木することが禁じられたため、シトロンの木は短命で、病気や霜に弱い。そのため伝統的に、木製の格子棚によって木々を支え、果樹園全体を保護網で覆う。欠陥のあるものを取り除き、有望なものを慎重に育てるには、栽培、収穫、包装のどの工程においても大変な労力を要する。

今日、ユダヤ教の儀式向けのシトロンの多くはイスラエルで栽培されており、一部がイタリアやギリシアの島々、モロッコ、イエメン、最近ではカリフォルニアでも栽培されている。

1980年代にカリフォルニアのサンホアキン・バレーでユダヤの祝節用シトロンの栽培を始めたジョン・カークパトリックは、「シトロンの栽培は驚くほど手間がかかる」と言っている。夏の生育期、信頼できる作業員たちが小さな鏡と虫眼鏡を使って、生育中のシトロンに傷や痕がないかをひとつずつ確かめる。そして虫や日焼け、風による摩耗を防ぐため、

1910年頃のポーランドの絵ハガキ。地中海に住むユダヤ人たちが仮庵の祭りのためにシトロンを摘み取っている。イディッシュ語で「シトロンの庭で」と書かれている。

ひとつひとつのシトロンに小さな透明のナイロン袋をかぶせ、その袋を枝に固定する。

ジョン・カークパトリックの果樹園にある未成熟のシトロン10万個のうち、正規のサイズまで育てられるのは1万2000個ほどにすぎず、その多くは選別・格付け工程でさらに排除される。結果として、残った2000個から4000個の一級品だけが、ユダヤの太陰暦によって決められた祝節シーズンに市場へ出される。だが、仮庵の祭りをひかえた数週間は高値で売れるシトロンも、日を追うごとに価値が下がり、いったん祝節が始まると二束三文になる。実際、イディッシュ語の表現で、「仮庵の祭り後のetrog」は値打ちをないものを意味する。

世界のごく一部の地域だけで、ユダヤの祝節のための儀式用シトロンを栽培し、それを売り買いするというのは、伝統の遵守というより執着のように思えるかもしれない。しかし、約2000年前、ユダヤ人がシトロンを聖なる果物として選び、その取り引きを始めたことで地中海に柑橘栽培が広まったのであり、そこからレモンの俗世界への思いがけない旅が始まったのである。

# 第2章 ◉ シチリア——地中海のアラブ

レモンはいつ、どこから、どうやって地中海へ伝わったのだろうか。正確なルートや年代をたどることはほぼ不可能だ。古代の天然交配種であるレモンは、簡単に雑種を造ることもできるし、自然突然変異種を生み出すこともできる。そのため、文献などのさまざまな言及や記述がシトロンを指しているのか、レモンを指しているのか、あるいは両者の雑種を指しているのかを見分けることはむずかしい。また、その歴史をさらに複雑にしているのが、柑橘類を表すたくさんの呼び名で、それらはしばしば置き換え可能であったりする。

ただしひとつ確かなことは、1400年以上前、イスラム教徒のアラブ人たちがインドやペルシアでレモンに惚れ込んだということだ。彼らは行く先々にレモンを持ち込み、スペインやシチリア、北アフリカの庭園や中庭を柑橘の花の香りで満たし、農業革命の種をまいた。

レモンを表すアラビア語のライムウン（laimun）には、子音と母音のとろりとした優しい響きがあり、ペルシア語でリムン（limon）と呼ばれたこの果物へのアラブ人の愛情が感じられる。7世紀にアラビア半島から突進していった砂漠の戦士たちは、広大な領地を征服しただけでなく、ペルシアのような進んだ社会の知恵も取り込んだ。

科学や医学、哲学、農業、そして芸術の知識に飢えていたアラブ人たちは、輝かしい学問文化を吸収し、それを西の地中海へ伝え、ヨーロッパのいわゆる暗黒時代の最中に、とくにスペインとシチリアで黄金時代を築きはじめた。そしてその過程で、彼らはレモンの木を植えたのである。

## ●楽園

庭に柑橘類を茂らせていたペルシア人たちはとくにレモンを好み、その葉や木、花、果実、皮まですべてを愛した。彼らからアラブ人は、レモンの果実を塩水に入れて保存したり、それをシロップや飴にしたり、肉や魚に果汁をかけてマリネにしたり、風味をつけたりすることを学んだ。彼らはまた、柑橘の木の小枝を裂いて歯ブラシにしたり、レモンの皮から精油

17世紀のペルシアのタイル。ペルシア人がどんなに小さなレモンにも愛着をもっていたことを表している。

を抽出して石けんや香水に利用したりした。

イスラム教徒のアラブ人にとって、柑橘の美しさと香りはコーランの「楽園」を思わせた。そのため、彼らは詩の中でレモンやオレンジを賛美し、観賞用の木々を育て、世話をするようになった。レモンについて最初に記した文献として知られるのが、紀元904年のアラブの農業手引き書で、これはレモンをシトロンと区別し、laimun の木は寒さに非常に弱いと説明している。

同じく、8世紀から9世紀にかけてのイスラム教の拡大は、柑橘栽培をエジプト、北アフリカ、スペイン、そしてシチリアへと広めた。スペインでは、柑橘の木々が中庭や庭園を飾っていた。コルドバの大モスクの中庭では19列ものダイダイの木が花を咲かせ、実を結んだ。セビリアでは、民家や中庭がレモンやシトロン、ダイダイの木々で飾るようになった。14世紀半ば、スペイン最後のムーア人の王のために建てられたグラナダのアルハンブラ宮殿は、レモンやオレンジの果樹が噴水を取り囲み、庭を飾る柑橘の木々への不変の愛に満ちていた。

9世紀、イスラム軍がシチリアを征服すると、その島の肥沃な土に魅せられたアラブの農民たちがやって来た。彼らは東洋から多くの作物を持ち込み、その中にはナスや米、スイカ、ピスタチオ、ゴマ、パスタに使う硬質小麦、砂糖、そして柑橘類――ダイダイ（オレンジはのちに異なる経路でヨーロッパへ伝わった）とレモン――が含まれていた。

ここでもっとも重要なのは、初期のイスラムの農民たちが、インドやペルシアで学んだ高度な農業技術を用いたということだ。かつて砂漠の住人だった彼らは、水をこの世でもっとも貴重な資源と考え、ペルシアなど、行く先々で遭遇したあらゆる灌漑設備を取り入れた。こうして彼らは水利用の世界的権威となり、集約栽培のシステムを実践して、島を楽園に変えた(1)。

灌漑という古代の偉業によってもたらされたレモンの恩恵は、シチリアのレモン・リヴィエラを見れば明らかである。イオニア海を臨むティンパと呼ばれるエトナ山の山腹に、美しい緑の果樹園が帯状に広がっている。海岸からティンパの切り立った台地へかけ上がるように広がる果樹園では、9世紀にイスラムの農民たちが導入したものとよく似た灌漑設備が今も使われている。クモの巣のようにめぐらされた灌漑用水路は、溶岩を削って作られたもので、果樹園全体に水を運んでいる。ふたつの水路が連結する部分では、石のタイルを差し込んだり外したりすることによって、特定の区画への水の流れが制御できるようになっている。

こうした灌漑設備は一見簡素に思われるかもしれないが、それは地中海地域の農業にとって、そしてレモンにとって、非常に重要なものだった。シチリアは何世紀にもわたって世界最大のレモン生産・輸出国となり（20世紀初めにカリフォルニアがその生産量を上回るまで）、今もイタリアのレモンの9割以上を供給している。

シチリアのレモン畑にある100年前のこの灌漑用水路は、9世紀にこの島にもたらされた灌漑設備とよく似ている。初期のイスラムの農民たちは、インドやペルシアで学んだ農業技術を取り入れ、普及させることで、地中海地域に農業革命を引き起こした。

## ◉レモンへの特別な愛

レモンはシチリアにおいて、その景観だけでなく、味覚にとっても欠かせない要素だ。シチリア人はとにかくレモンが大好きで、木からもぎ取ったレモンに皮ごとかぶりつく。あるいは、ナイフでレモンの皮をむき、ひとつまみの塩だけでその酸っぱい果肉を食べたりする。シチリアや南イタリアのレモンはやや酸味が少ないとはいえ、この習慣は、クリフォード・ライトが『クチーナ・パラディーゾ *Cucina Paradiso*』に書いているように、「ほとんどの北米人を尻込みさせるだろう(2)」。

実際、シチリアの一般的なサラダは、皮ごと角切りにしたレモンをオリーブ油と塩だけで和えた、ごくシンプルなものだ。レモンは獣肉や鶏肉、魚を使った数々の料理において欠かせない材料であり、グラニタやソルベ［いずれも氷菓］、ジェラートといった多くのイタリアの伝統的なデザートでも、レモンは主役である。

こうしたレモンへの愛着は、200年にわたるアラブ人のシチリア支配に由来するものだが、それは続いてやって来たノルマン人によっても受け継がれた。11世紀後半、ノルマン人がアラブ人の支配するシチリアを征服したとき、彼らは農業、とくに柑橘栽培が盛んな楽園を継承した。アラブ支配の下で壮麗な都市となっていたパレルモには、無数のモスクや公園、噴水、中庭、柑橘の花々が香る遊園地があり、コンカ・ドーロと呼ばれる肥沃な盆地には、オレンジやレモンの果樹園が黄金色に広がっていた。

宗教は別として、シチリアのノルマン人たちは意外にもイスラム文化に魅了されたようで、その様式をさまざまに取り入れた。彼らは流れるようなローブを身にまとうようになった。ハーレムではアラビア語で学術的な議論をたたかわせた。建物にはイスラムのデザインを組み入れ、宮殿の庭は柑橘の木で飾られた。また、アラブの食べものや料理を積極的に取り入れ、王宮の厨房ではアラブ人のシェフさえ雇った。そうした料理の多く——やはりペルシアの影響を強く受けていた——では、酸っぱさが料理に生気を与えるという「酸味の原理」が守られていた。

実際、酸っぱい肉料理が中世初期、あるいはそれ以前から食されていたという証拠は数多くある。13世紀のアラブの料理本には、リムニーヤ［レモン風味のシチュー］のような酸っぱい肉料理のレシピが紹介されており、これは鶏肉をタマネギ、リーキ［西洋ニラネギ］、ニンジン、ナスとともにレモン汁で調理したものだ。説明には、「めん鶏を用意し、関節で切り分けて鍋に入れ、野菜を加える」とあり、「上質なレモンの果汁を用意し、濾し器でおりや種を取り除き、鍋に入れる」とある。さらに、砕いたアーモンド、ショウガ、ミント、そしてローズウォーター［バラの蒸留水］を加え、砂糖で甘みがつけられる場合もあった(3)。

中世のエジプトでは、ユダヤ人が安息日のためにチャード［ホウレンソウに似た葉野菜。フダンソウ］、タマネギ、ベニバナ、青レモンを使って「レモン鶏」を作った(4)。ノルマン人の宮殿の厨房で作られたかもしれないシチリア版のレモン鶏では、鶏肉がレモン汁、ケーパー、アーモンド、ピスタチオと合わせられ、中身をくり抜いたパンに入れて出された(5)。

レモンはシチリアの台所ではどこにでもある食材だと、シチリア生まれで伝統料理の権威であるエレオノーラ・コンソリは書いている(6)。これはシチリアがアラブ人の支配下では直接的に、続くノルマン人の支配と500年にわたるスペイン――やはりアラブの影響を受けていた――の支配下では間接的に、それぞれアラブの影響を大きく受けた結果である。

レモン汁は、アーティチョークを調理したり、レモンサラダ（中身をくり抜いたレモンに入れて出される）を作ったり、フルーツゼリーを作ったり、イワシにかけたりするのに欠かせない。「レモンは料理の質を高めてくれる」とコンソリは言う。

彼女が紹介するレシピに、レモンの皮で風味づけしたミートボールのパテをレモンの葉で包んで焼くというものがある。酸味の効いた、おいしそうな料理だが、いつも近くにレモンの木があることが前提だ。ただし、ほとんどのシチリア人にとって、これは問題ではない。

1906年頃、シチリアのパレルモ郊外にあるコンカ・ドーロ（肥沃な盆地）の果樹園でレモンを摘み取っている様子。

## ◉レモングラニタ

シチリアとレモンのことはレモングラニタを抜きにしては語れない。これは水とレモンの汁と皮で作った甘酸っぱいシャーベットである。シチリア人のグラニタ好きは大変なもので、ブリオッシュ［バターをたっぷり使った柔らかくて甘いパン］とともに朝食に食べる人も多い。伝統的なカフェやバーでは、ブリオッシュと一緒でも一緒でなくても、季節を問わず、昼夜どの時間帯でも、ウエーターがこのシチリア名物のグラニタ・ディ・リモーネを美しいガラスの皿に盛って出してくれる。

とくにシチリアの東側では、人々のグラニタ好きは海岸の豊かなレモン畑だけでなく、ヨーロッパ最大の活火山であるエトナ山とも関係がある。エトナ山はもうもうと立ちのぼる煙と溶岩流のほかに、その雪でも知られる。冷蔵技術が普及する以前、雪は夏の過酷な暑さの中で非常に貴重な冷源だった。

古代、ギリシア人やローマ人はエトナ山の斜面の洞窟に雪を詰め込み、必要に応じてワインを冷やすのに利用した。1940年代までに、雪商人たちがエトナ山の天然の冷源を使って商売を始めた。彼らは毎晩洞窟から雪を集めては荷馬車でカタニア［シチリア島東部にある、パレルモに次ぐシチリア第二の都市］まで運んだ。雪は、食料を保存したり、アイスク

レモンはグラニタのもっとも一般的なフレーバーのひとつである。シチリア人の多く、とくに島の東側に住む人々はグラニタを朝食に食べる。

リームを作るために使われた。

シチリアへやって来た初期のアラブ人たちが、サルバットもしくはシャルバットと呼ばれる清涼飲料を造っていたことは間違いない。この冷たい果糖シロップは、コース料理の途中に口直しとして出され、その後、ソルベ（シャーベット）のような甘い氷菓子に発展したと思われる。ただし、ソルベやジェラートがアラブ支配下のシチリアで誕生したというのは伝説にすぎない。本物のアイスクリームが作られたのは１６５０年頃、氷に塩を加えることで生じる吸熱作用が知られてからのことだからだ(7)。

グラニタはアイスクリームではなく、一種のフローズンレモネードであり、おそらくその起源はかなり古く、アイスクリームが発明されるずっと以前から楽しまれていた。レモンと砂糖はいずれもインドとペルシアを原産とし、合わせると自然な甘酸っぱさを生み出した。人々がこのふたつを組み合わせたのは、ごく自然の成り行きだったのかもしれない。

## ●『レモンについて、その飲料と利用法』

レモンについて記されたもっとも古いレシピは、アラビア語で書かれた12世紀のエジプトの論文だった。『レモンについて、その飲料と利用法 *On Lemon, Its Drinking and Use*』は、まさにもっとも古くから続くレモンへのオマージュである。

これはイブン・ジュメイによって書かれた医学的な料理本とでもいうもので、健康上のアドバイスやレシピが含まれている。アラビア語を話せるユダヤ人の彼は、同僚のマイモニデスと同じく、イスラムの偉大な指導者サラディンに侍医《じい》として仕えていた。

当時、イブン・ジュメイはひとりの男を生き埋めから救ったとして称賛された。ある日、布で覆われた遺体が棺台に載せられ、彼の診療所の前を運ばれていった。そのとき彼は、布から突き出ている足が平らではなく、上を向いていること――明らかに生きている証拠――に気づき、その男が死んでいるのではなく、強硬症の発作に襲われていることを知った。強硬症は筋肉の硬直を引き起こし、あたかも死んだように見える病気だ［現代ではある種の統合失調症で多く見られることがわかっている］。ジュメイのおかげで、男は命拾いした。

この出来事によってイブン・ジュメイの評判はさらに高まったが、彼の名声はすでに相当なものだった。ジュメイは医学校の校長として、医学生たちに病院での臨床研修をやらせるべきだと主張する一方、古代の文献を原語のギリシア語で読むような優れた学者でもあった。彼の重要な医学論文『心身向上のための指針 *Direction for the Improvement of Souls and Bodies*』は、薬や食事、衛生、そしてさまざまな治療法について書かれた概論で、当時もそれ以降もひんぱんに参照された。

これに対して、『レモンについて、その飲料と利用法』は、学術論文というより、ちょっとした健康上の助言を含んだ料理本のようなものだった。健康に役立つさまざまなレモンの利用法が紹介されており、とくにレモネードのレシピは非常に多く、サミュエル・トルコウスキーは柑橘類に関する彼の古典的大作『ヘスペリデス――柑橘系果実の栽培と利用の歴史 *Hespeides: A History of the Culture and Use of Citrus Fruits*』（1938年）の中で、イブン・ジュメイを「レモネードの応用や調理、利用法に関する理論家」と呼んだ(8)。

イブン・ジュメイによるプリザーヴド・レモン（塩漬けレモン）の作り方――レモンにいくつか切り込みを入れ、その部分に塩を詰めて容器に押し込み、全体がレモン汁につかるようにして数週間醗酵させる――は、この料理のレシピとして最初に発表されたもので、作り方は今とほとんど変わらない。醗酵段階で生じるバクテリアやイースト菌はレモンの皮を柔らかくし、香りをまろやかにしてくれる。

中東や北アフリカでは、プリザーヴド・レモンは独特の風味の料理に繊細な香りを添える。13世紀のアラブの料理本『最愛の者との絆 *The Link to the Beloved*』では、そのコメントからプリザーヴド・レモンがいかに一般的であったかがわかる――「塩漬けレモンについてはよく知られているので説明の必要はない(9)」。

食の研究家チャールズ・ペリーによれば、プリザーヴド・レモンはインドからモロッコに

タンクレード・R・デュマ撮影『レモネード売りと客 *Lemonade Vendor and Customer*』(1860〜1900年頃)。レモネードは、少なくともエジプトの医師イブン・ジュメイがレモネードの多数のレシピを含むレモンの論文を発表した12世紀から、中東で楽しまれてきた。

かけての地域の名物である。モロッコ人はこれを「寝かせたレモン」と呼ぶが、そのエキゾティックで強烈な風味は舌を一気に目覚めさせる。インドでは、プリザーヴド・レモンはレモン汁に漬け、ショウガやカルダモン、赤トウガラシといった香辛料で風味づけされる。

アフガニスタンのプリザーヴド・レモンはブラック・クミンの種子で風味づけされるが、モロッコなどの北アフリカでは、香辛料が加えられることはめったにない。エジプトやシリアでは、レモンがこうした方法で塩漬けされることは少なく、塩をふりかけたレモンの薄切りを一晩かけて水切りし、油に漬けてピクルスとして食べる。また、タジンと呼ばれるモロッコのシチューでは、プリザーヴド・レモンがしばしばオリーブと鶏肉、あるいはラム肉と組み合わされる。

イブン・ジュメイはさらに、レモンの皮が「食欲を刺激し、消化を助け、息をさわやかにする」として勧めた。彼のアドバイスによれば、レモン汁は喉や扁桃腺の炎症から消化不良、頭痛、「胆汁症による目まい」から「ワインの中毒作用」まで、あらゆる症状に効いた。(10)

## ◉イブン・アルバイタールの本草学事典

では、こうしたレシピや一般向けのアドバイスを含んだレモンについてのちょっとした論文が、なぜ何世紀にもわたって生き続けたのだろうか。その答えは、イスラムの学者たちによる壮大な翻訳プロジェクトにある。7世紀に始まり、中世を通じて継続されたその事業では、何百というギリシア語の医学書や哲学書、科学書がアラビア語に訳された。そののち、こうした古代の文献はアラビア語からラテン語に翻訳され、アラビア語の注釈や解釈を加えた形で、ギリシアの学問を後世に伝えたのである。

『レモンについて、その飲料と利用法』は、多くの年月と文化を超えて知識が翻訳・変換されたこのプロセスの、ひとつの実例である。この論文の原稿自体は12世紀に失われている。しかし、イブン・ジュメイが800年以上も前にレモンについて記した内容を今の私たちが知っているのは、これから述べる13世紀に活躍した偉大なアラブ人植物学者のおかげであり、さらにそのもとは紀元1世紀のギリシア人医師で植物学者のおかげである。

イブン・アルバイタールは、1197年にイスラム支配下のスペインに生まれ、若い頃から植物学と医学の両方に関心を寄せていた。彼は20代から北アフリカ、中東、小アジアの広大な地域を旅し、行く先々で植物や植物学者の本を集めた。彼はつねに植物学や薬草に関する学術書を何冊も持ち歩き、その中には本草書の偉大な古典で、全5巻からなる『薬物誌 *De Materia Medica*』も含まれていた。

『薬物誌』は、治療に役立つ500種類もの植物を紹介した本である。紀元1世紀にローマ帝国で医学と植物学に従事し、ギリシアやクレタ島、エジプトなど広く旅もしていたディオスコリデスによって書かれた。彼がその本草書を書いた約1200年後、これに触発されたイブン・アルバイタールがアラビア語で独自の本草学事典を書いた。

その後、イブン・アルバイタールの著書は何世紀もかけてラテン語に翻訳され、フランスやイタリアで繰り返し出版された。『簡易療法事典 *Dictionary of the Simple Remedies* もしくは *Simplicibus*』と呼ばれるラテン語版は、15世紀から1758年まで26回にわたって版を重ね、1618年の内科医師会による初のロンドン薬局方の編纂にも用いられた。

イブン・アルバイタールの本草学事典には、イブン・ジュメイによるレモネードやプリザーヴド・レモンのレシピがすべて、というより『レモンについて、その飲料と利用法』の全文が組み込まれていた。そしてこのジュメイによるレシピとアドバイスに加えて、レモンは健康と料理の両方に役立つという確信に満ちた考えが添えられた。レモンそのものと同じく、この考えは何世紀にもわたって静かに広がり、ヨーロッパの人々の生活に浸透していった。

# 第3章◉異国の貴重品

## ◉視線を誘う富の象徴

オランダの静物画家たちはレモンを崇拝していた。ピーテル・クラースやウィレム・クラース・ヘダといった17世紀の画家たちは、レモンの絵をいくつも描き、鮮やかな顔料やグラッシを何層にも用いてその艶感を表現した――丸ごとのレモンがピューター［スズを主成分とした合金］製の皿に楕円形の光を放っているもの。輝くようなレモンの薄切りや半切りが魚やカキ、ミートパイに添えられているもの。大きくカールしたレモンの皮がワインの入ったゴブレットやグラス、金箔の食器に添えられているもの。

印象的なのは、こうした絵の中のレモンがつねに目立つ存在で、けっして脇役ではないと

ウィレム・カルフ（1619〜1693）が得意な様式で描いた静物画。17世紀、裕福な人々は富を誇示するためにこうした絵を買った。非常に高価な異国の貴重品とされていたレモンは、テーブルの目立つ場所に配置されている。

いうことだ。前景に配置され、繊細な感覚と一種の畏敬の念をもって描かれたレモンは、まるでその視線を誘うかのように、見る者に金色の光を投げかけてくる。

今日ではレモンは平凡なものに思われるかもしれないが、17世紀のヨーロッパではけっしてそうではなかった。11世紀末に始まった十字軍遠征が、柑橘類をはじめとする魅力的な品々を東方から持ち帰って以来、レモンはヨーロッパの多くの地域で、何世紀もの間、高価なあこがれの存在だった。

1533年にヘンリー8世とアン・ブーリンのために開かれたロンドンのウェストミンスター宮殿での晩餐会では、テーブルを優雅に飾る贅沢品の中にレモンがあり、当時はそれ1個で銀ペニー6枚分の価値があった。1662年には、ロンドンの市場で「洗っていない」レモン1ダースが3シリングで買えたが、それでも1日1シリングほどしか稼げない労働者にとって、レモンは高嶺の花だった。

オランダがその黄金時代を迎えた17世紀前半には、優れた海軍力と船舶によって世界中から貴重な品々が運ばれるようになったが、外国産の輸入レモンは絹のテーブルクロスやヴェネチアのワイングラスと同じくらい魅力的だった。そしてオランダの商売熱心なプロテスタント――17世紀の西洋世界でもっとも裕福な人々――は、晩餐会のテーブルにこれ見よがしにレモンを並べ、その富を誇示した。

ウィレム・クラース・ヘダによって1643年に描かれたこの静物画では、つややかなレモンが銀や緑色のガラス、そして金箔の杯の手前に配置され、レモンの高級感を表現しているほか、ワインや蒸留酒をレモンの皮で風味づけするという流行を伝えている。

オランダの中産階級の市民は、たとえ花束や砂糖菓子、異国のスパイスやレモンといった傷《いた》みやすい品物を買う余裕がなくても、自宅にそれらを描いた静物画を飾ることによって、自分にもそうした品を持つだけの資格があると主張することができた。17世紀の何万という静物画が、そんな願望を満たすために描かれた。

レモンを買う余裕のある人々は、とくにその皮（zest）を珍重した。レモンの皮には気分を明るくするような風味があり、中世では医師がそれを憂鬱症の薬として処方したほどだ（実際、zestという言葉には今も生気や活力といった意味がある）。オランダ人やフラマン人［現在のベルギー北部を中心とするフランドル地方に住んでいたゲルマン系民族］はしばしばレモンの皮でワインや蒸留酒に風味をつけたが、これは今の柑橘風味のウォッカやジンとよく似ている。

当時の静物画にはこうした流行も取り入れられ、レモンがワインの入ったゴブレットやグラスのそばに配置された。典型的な構図では、レモンは途中まで皮が剝かれ、ねじれたその皮がテーブルクロスから金色のリボンのように垂れている。

レモンは17世紀に流行した料理のデコレーションの主役でもあった。「ぎざぎざレモン」は、輪切りにした皮つきのレモンの縁をぎざぎざにカットしたもので、丸ごとの魚やロブスター、カニのほか、羊肉の切り身やハト、ウズラ、ヒバリのローストに飾りとして添えられた。1638年の「グランドサラダ」では、ローズマリーの小枝を刺したレモンの輪切りや半切りが、四つ切りのロースト・エッグと交互に皿の縁に並べられた。1652年のフランスの料理本には、皮を剝いたレモンの薄切りに砂糖、オレンジ、ザクロの花を飾ったレモンサラダが紹介されている。

また、レモンの皮の塩漬けは、1661年にロンドンで出版されたウィリアム・ラビシャの『料理法総解 *The Whole Body of Cookery Dissected*』に記されているように、「レモン、キャビア、アンチョビといったもの」による冬のサラダを明るくし、「味覚を強め、食欲を引き出す」のに役立った。

一方、「食後のデザート」は、食べすぎた料理の解毒剤と考えられていたが、まだ裕福な人々だけのものだった。レモンと同様、輸入品である砂糖は高価で、一般庶民の手には届かず、やはり豊かさの象徴だった。金持ちや王族は、賞賛と消費の両方を目的に、豪華な砂糖細工の城や騎士、馬、熊などで晩餐のテーブルを飾った。レモンのペクチン［増粘安定剤として も使われる、植物中の多糖類］を使った果物のジャムやゼリーも贅沢なデザートとされ、上品な小皿に盛られたものがスプーンで食された。砂糖漬けの柑橘類の皮は、特別な容器に入れられて地中海からイングランドへ輸入されるか、輸入原料からそのまま作られた。

オレンジやレモンのシロップ漬けは、時間はかかるものの、アラブ人によってヨーロッパへ紹介された優れた保存食であり、イングランドの晩餐の主役として、ヴェネチアのガラスの器に色鮮やかに盛りつけられた。18世紀になると、外国産の果物の砂糖漬けは奇妙な形を取るようになり、レモンを漬けるシロップは昆虫由来のコチニールという赤色染料で真っ赤に色づけされた。そしてレモンは綿菓子のようなピンク色の砂糖菓子となった(1)。

しかし、17世紀のヨーロッパではデザートにレモンが用いられることはまだめずらしく、オランダの晩餐の絵のように、魚や貝の付け合わせ、あるいは鶏肉や獣肉料理の材料として、風味づけの役割を果たしていた。アラブ人から受け継いだ中世の料理の基本原則として、レモンの酸味は香辛料と同じくらい効果的に食材の質を高め、料理の味を引き締めるとされていたのだ。酢はもちろん、スグリやマルメロといった酸っぱい果物や葉、あるいは酸っぱいブドウから採るベル果汁は、17世紀の台所の必需品だったが、レモン汁は立派にそれらを補い、あるいはそれらに取って代わるものとなった。

たとえば、1615年に出された人気の料理本、ジャーヴェス・マーカムの『イングランドの主婦 *The English Hus-wife*』では、甘ったるいスープを引き締めるにはベル果汁がよいとする一方、「ぼんやりした味」のスープにはオレンジやレモンで「メリハリをつける」としている。

こうして英国人は、インドから持ち帰ったレモンのピクルスを味わい、「クーリ」のようなピューレ状のスープやパンの耳やハーブ、レモンの薄切りやレモン汁で風味づけされたミートブロスなど、17世紀のあらゆる料理にレモンを加えるようになった。ベル果汁や酢も一般的ではあったが、人々に広く好まれたのは、よりマイルドでさわやかなレモン汁だった（もしレモンを買う余裕があれば）。

アラン・デーヴィッドソンが『オックスフォード食物必携 *The Oxford Companion to Food*』に記しているように、17世紀のレモンは、まだヨーロッパの料理にとって不可欠な果物とは言えなかった。(2) ただし、それはまるで静物画に描かれた皿の上のレモンのように、主役と脇役、塩味と甘味、金持ちと庶民の間で平衡を保っていた。ヨーロッパにおいて、レモンはなくてはならない貴重な食材として認識され始めたばかりだった。

## ●メディチ家のレモン庭園

1533年、14歳のカテリーナ・デ・メディチ（カトリーヌ・ド・メディシス）が王の息子（のちのアンリ2世）と結婚するためにフランスへやって来たとき、彼女は宮廷でまだ香辛料の強い中世の料理が出されていることを知った。カテリーナはフィレンツェから料理人や菓子職人の一団を同行させ、イタリアのレシピも持ち込ませた。たとえば、カモ肉のオレンジソースがけのレシピは、すでに13世紀のイタリアの料理本にあったレモン風味の鶏肉、リモニアに近かったかもしれない。

カテリーナの料理人たちが、フランスでレモンをはじめとする柑橘類の利用を促した可能性は高い。というのも、メディチ家は何世紀も前から大の柑橘好きだったからだ。

それはコジモ・デ・メディチが巨大な鉢で柑橘の木を育てた15世紀初頭に始まり、世界最古の柑橘類収集家のひとりで、トスカーナ大公のフランチェスコ1世・デ・メディチ（1541〜87）によって受け継がれた。フィレンツェ近郊にあるメディチ家の別荘のひとつ、

コジモ3世・デ・メディチは、バルトロメオ・ビンビに自分の庭にある116種類の柑橘類を描くように依頼した。1715年に描かれた『柑橘類 *Citrus Fruits*』には、吊りラベルとともに34種類の名前が明記されている。複雑な交配によって生まれたもっともめずらしいレモンとシトロンは、一番下の列に描かれている。

カステッロ荘は、のちにその柑橘類の見事なコレクションと巨大なリモナイア（レモンの温室）――メディチ家の紋章入りの大鉢に1本ずつ植えられたレモンの木々を冬の間入れておく明るく立派な建物――で有名になった。

大公コジモ3世（1642〜1723）は、メディチ家の庭園で116種類もの柑橘類を栽培した。バルトロメオ・ビンビによる4枚の大きな植物画には、それぞれの名前を記した番号付きの吊りラベルとともに、これらの多様な柑橘類の名前が記録されている。メディチ家の柑橘好きにふさわしく、ルネサンス期にはオレンジがときに近代ラテン語でmediciと呼ばれた。これはもともとシトロンを「メディアン・アップル（Median apple）」と呼んだギリシア語に由来する。

## ●オランジェリー――オレンジの温室

新鮮なレモンやオレンジは、ヨーロッパ北部の人々に非常に愛されていたが、それらは非常に高価でもあり、輸入もむずかしかった。そのため、自分で柑橘の木を育てるという考えはとても魅力的だった。

イタリアを訪れた人々は、美しくデザインされたルネサンス様式の庭園や、寒さに弱い果

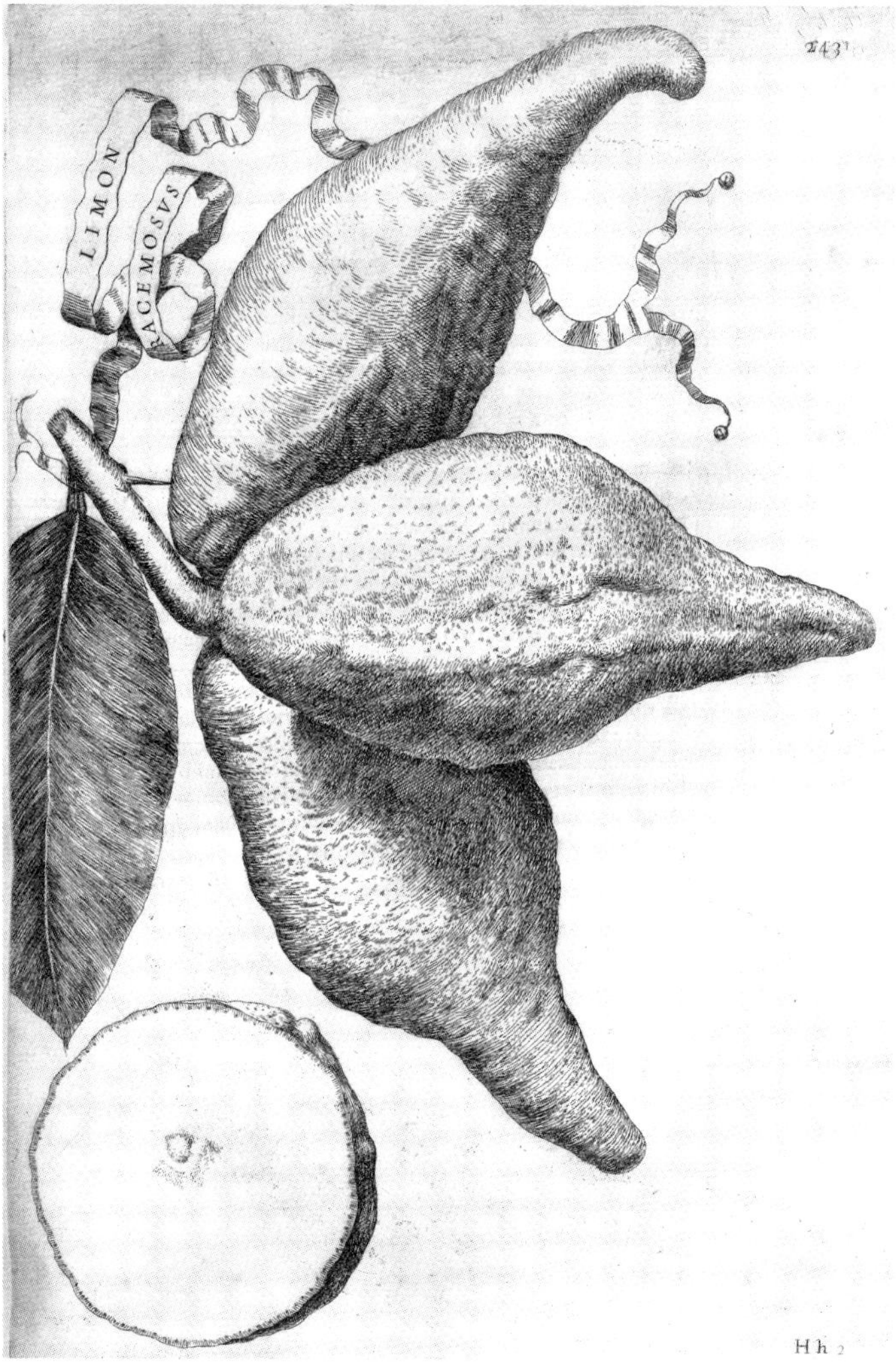


イタリア・ルネサンス期の貴族階級の園芸家たちは、柑橘類の突然変異種やリモン・ラケモススのような奇妙な形の果実を珍重した。ジョバンニ・バティスタ・フェラーリの『ヘスペリデス』（1646年）によれば、おそらく、これはレモンとシトロンの交配種と思われる。

樹を屋内で冬越しさせるというトスカーナの創意工夫に感銘を受け、フランスやドイツ、イングランド、ネーデルラントへ帰国すると、自分もぜひザクロやレモン、オレンジといっためずらしい外来植物を植えてみたいと願った。こうして17世紀半ばまでに、ヨーロッパ北部の園芸市場は、イタリアから根鉢で輸入される柑橘の果樹の取り引きで活況を呈するようになった。

もちろん、こうした亜熱帯の果樹は北部の厳しい冬の間は保護してやる必要があった。1600年にフランスで出版されて評判となった農業教本『農業劇場 *Le Théâtre d'agriculture*』の著者で農学者のオリヴィエ・ド・セール（1539〜1619）は、柑橘類の温室を流行させた人物である。セール（名誉なことに、その名前はフランス語で温室serre を表す）は、円柱を配し、大きな天窓のついた傾斜屋根があり、冬には炭で暖められる特別な温室を勧めた。

柑橘類の温室はオランジェリーと呼ばれるようになったが、たいてい、そこにはレモンやシトロンの木もあった。そうした果樹は、天候や持ち主の好みに応じて簡単に移動できるように、車輪付きの箱に植えられた。セールは自身の柑橘の木々を「すばらしく豪華」と表現し、贅沢なオランジェリーが金持ちだけの楽しみであることを認めた。

ただし、実際に温室の概念が広まる前に、窓に用いる平らで透明なガラスを入手できる必要があった。それまで、人々は半透明のマイカ［雲母］の薄板で庭の温床を覆ったり、それを窓に使ったりしていた。ガラス製品は何千年も前から作られており、ヴェネチアのガラス製造人が薄くて透明なガラス cristallo（クリスタル）を生み出したのは、15世紀半ばであった。とはいえ、17世紀や18世紀になっても、平らで透明な窓ガラスはまだかなりめずらしかった。やがてガラス吹き職人が、溶けたガラスの塊を息で大きく膨らませ、まだ柔らかいうちに回転させて広げればもっとも平らになる手法を生み出し、それをカットしたものが窓ガラスとなった。そうしたガラスにはへこみや同心円、気泡があったものの、少なくとも透明だった。

一方、フランス人は鋳造ガラス［ヴェネチアの窓ガラス製造法とは異なる］を研磨して板ガラスを作るという技を習得したにもかかわらず、板ガラスは非常に高価で、金持ちにしか買えなかった。そんな高価なガラスを一面に配したオランジェリーは贅沢そのものの建築物で、王族や貴族、豪商たちの間で新しい園芸の楽しみとしてもてはやされた。セールは自分の著書をフランス王アンリ4世に献呈したが、1600年の王とマリア・デ・メディチ（マリー・ド・メディシス）との結婚は、テュイルリー公園やセーヌ川沿いのオランジェリーをはじめ、パリにイタリア式の庭園デザインをもたらした。

1610年のアンリの死後、マリーはフィレンツェのボーボリ庭園をモデルとして、建

『ヘスペリデス』（1646年）の版画。窓や天窓に用いるガラスは非常に高価だったため、豪華な柑橘類の温室であるオランジェリーを建てられるのは金持ちだけだった。

築家に庭園やリュクサンブール宮殿のオランジェリーを設計させた。マリーの生涯のライバル、リシュリュー枢機卿はすぐさまこれに対抗し、彼の新しい城を豪華なレモンの温室で飾った。

柑橘類、とくにオレンジの木について、マリー・ド・メディシスの孫のルイ14世ほど熱心な王はいなかった。この太陽王はヴェルサイユの庭をみずからの君主制の象徴と考え、そのためにパリ市全体よりも多くの水を消費した。銀の鉢や車輪付きの巨大な箱に植えられた柑橘の木々は、まっすぐ伸びた幹の上部で枝葉が丸く刈り込まれ、まるで棒付きキャンディーのように形を整えられた。

王の好みに合わせて整形されたこれらの外国の果樹は、贅沢、権力、そして自然に対する人間の支配を象徴していた。1685年に建てられたヴェルサイユの壮麗なオランジェリーは、冬は柑橘の木であふれていたが、春になるとそれらは外へ移され、バラの茂みやスイカズラ、ジャスミンの間に置かれて、まるで地面から直接生えているかのような錯覚を与えた。

## ◉「柑橘熱」と植物学の発達

太陽王の見事なオランジェリーを凌《しの》ぐ温室はどこにも存在しなかったが、こうした「柑橘熱」は17世紀から18世紀にかけてのヨーロッパ北部で、とくに王族の間で広まり、彼らはオランジェリーを高い地位の象徴として、競うように建てた。

ドイツのハイデルベルクでは、エリザベス・ステュアート（エリーザベト・シュテュアルト）との結婚を祝うため、フリードリヒ5世が城外に柑橘の木々を囲った立派なテラスを建てた。夏にはその屋根と窓が外されて、建物が巨大なパーゴラ［つる植物などを這わせる格子を載せた柱廊。つる棚］のごとく見えるように設計された。ロンドンのケンジントン宮殿では、1704年にアン女王のために優雅な温室が建てられ、彼女はこれを冬は散歩道、夏は夕食の場として使った（現在は「オランジェリー」という名のティールームになっている）。

ドイツのニュルンベルク出身の商人で植物学者のヨハン・クリストフ・フォルカマー（1644～1720）は、そうした宮殿や城、荘園に隣接した美しいオランジェリーやレモンの温室についての詳細を書き留めた。数年をイタリアで過ごした彼は、柑橘類の温室や庭園を訪れ、北イタリアの寒い冬に、柑橘類の中でもとくにレモンを栽培する技術を学んだ。帰国すると温室を建て、レモンやオレンジ、シトロンやライムをニュルンベルクの立派な庭

J・C・フォルカマーの『ニュルンベルク・ヘスペリデス』（1708年）の版画。王族の中でもとくにルイ14世は、まっすぐ伸びた幹に丸く刈り込まれた枝葉という形に果樹を整えるのが好きで、それは自然に対する人間の支配を象徴していた。

で育てることに没頭した。

　柑橘類の栽培家としてだけでなく、植物学者としての才能も示したかったフォルカマーは、みずからの柑橘類のコレクションを分類して記録し、素描家や版画家に依頼して、それを二つ折りサイズ［B4より少し小さい程度の大きさ］の刷版《さっぱん》１００枚に描かせ、１７０８年に『ニュルンベルク・ヘスペリデス *Nürnbergische Hesperides*』として出版した。

　ヘスペリデスという名前は、黄金の果実がなるという木がある伝説の園についてのギリシア神話に由来する。フォルカマーの作品は、じつはジョバンニ・バティスタ・フェラーリというイ

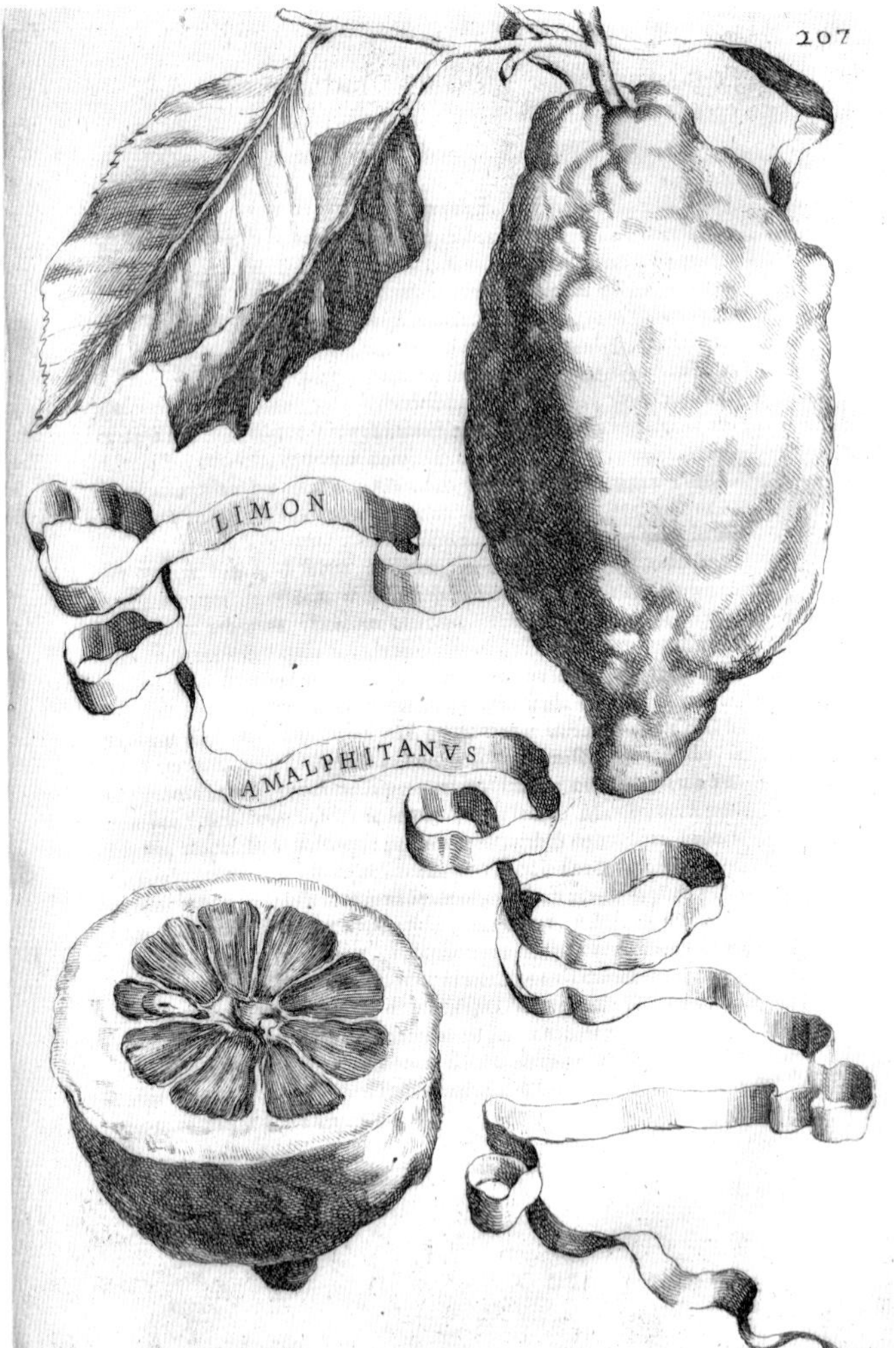


『ヘスペリデス』(1646年)は、柑橘類の植物学的研究に大きく貢献した。それは版画家による挿し絵入りで、各品種の名前が独特のリボンのようなラベルに記されている。この絵ではアマルフィ・レモンとある。

『ニュルンベルク・ヘスペリデス』（1708年）の版画。柑橘類に関するフォルカマーの偉大な研究論文は、フェラーリのものを手本とした一方、果実の全体図と断面図を描いた植物画に、宮殿や邸宅、荘園や庭園などの風景画を加えた。

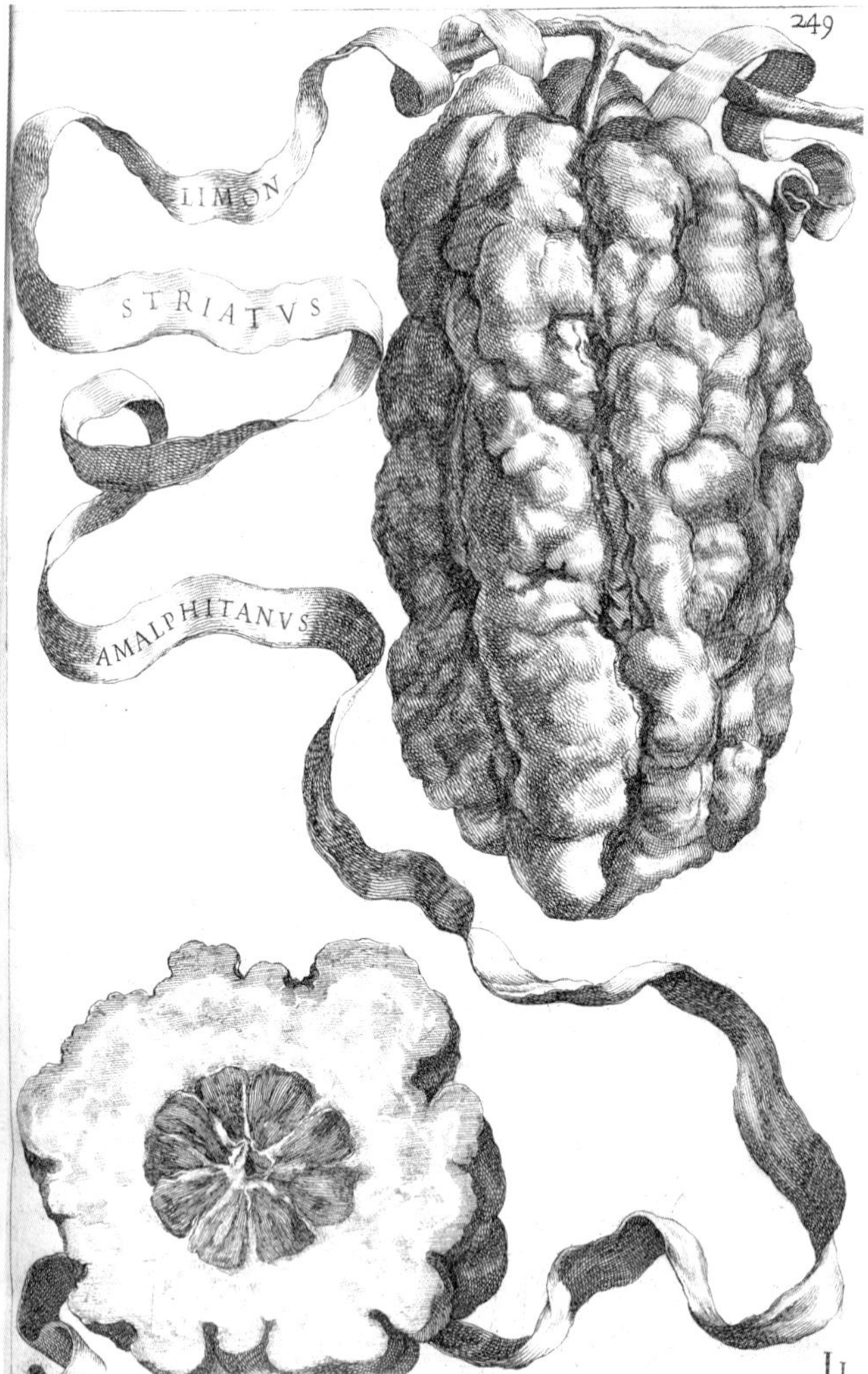


異様な形の Limon Striatus Amalphitanus とは、おそらくレモンとシトロンの交配種で、『ヘスペリデス』（1646年）で紹介された。

エズス会士によって先に書かれた『ヘスペリデス *Hesperides*』という本に影響を受けたものだ（彼は教皇一族の園芸顧問であり、ローマのバルベリーニ宮殿の庭園の管理者だった）。

１６４６年に出版されたフェラーリのこの本は、柑橘類に関する最初の体系的研究のひとつとされた。それは柑橘栽培を学問として向上させるものではなかった――たとえば、この本では病気の問題を解決するため、木の根元に犬の死骸を埋めるように勧めている――が、シトロンやレモン、オレンジについての包括的な説明や分類、図版は植物学の研究に大きく貢献した。

また、フェラーリの本は、その同僚で柑橘類に夢中の学者カッシアーノ・ダル・ポッゾによる研究と収集に負うところが大きかったが、彼の名前は著者に含まれていない。美しい挿し絵入りのこの本は、７人の画家による80枚もの植物画を特徴とし、柑橘類の葉や果実がそれぞれ全体図と断面図で描かれ、流れるような独特のリボンにその名称が記されている。

半世紀後、フォルカマーは、果実の全体図と断面図をリボン状のラベルとともに示すというフェラーリのスタイルを取り入れながら、そこに独自のタッチを加え、図版の下部にイタリアやドイツの庭園や宮殿、風景などの楽しい絵を添えた。フォルカマーの本は、バロック期のもっとも美しい植物学研究のひとつとされ、今では栽培されていない多くの品種も描かれている。

フォルカマーの『ニュルンベルク・ヘスペリデス』(1708年) からの版画「ガルダのレモンハウス」。ドイツで柑橘類を栽培する方法を学ぶため、フォルカマーはレモン栽培の世界最北の地、イタリアのガルダ湖のレモンハウスを研究した。

## ◉ガルダ湖のレモンハウス

北イタリアのオーストリア国境近くにあるガルダ湖畔の町リモーネでは、アルプスから緩やかに広がるドロミーティの山々が湖を囲み、人々は水と岩に挟まれて暮らしていた。そこは亜熱帯の果樹を育てるには向かない場所に思われる。しかし、17世紀にこの町はレモン栽培の世界最北の地となった。

実際、ガルダ湖の豊かな水量には寒冷な気候を緩和する効果があり、湖の先端部分を手でふさぐように取り囲んだ山々は、この地域を北風から守っている。17世紀半ば、この地を買ったカルロ・ベットーニとその息子たちが、冬の寒さから果樹を守ることさえできればレモン栽培で採算が取れると確信したのは、こうした要因からに違いない。ベットーニ一家をはじめとするガルダ湖の農民たちは、移動可能な大鉢で果樹を育てるというオランジェリー方式ではなく、山の斜面に「レモンハウス」を建て、果樹を地植えした。そして、秋になるたびに防寒対策を施した。

こうした北イタリアのレモンハウスは、見栄や道楽のために建てられたオランジェリーとはまったく異なる目的をもっていた。つまり、商業的農業である。オランジェリーでは果樹は鉢植えにされ、花や実をつけると別荘や宮殿を飾るために場所を移された。一方、ガルダ湖のレモンハウスでは、毎秋の防寒対策は大変だったものの、より大ぶりで質の高いレモンを生産することができ、これは栽培農家にとって経済的な強みとなった。しかも、こうしたレモンを求める熱心な客がいた。実際、19世紀末にシチリアや南イタリアから北ヨーロッパにレモンを輸送することが実現するまでの200年以上、アルプス山脈の向こうに住む人びと——ドイツ人、オーストリア人、ハンガリー人、ポーランド人、ロシア人——は、南イタリアより自分たちに近いガルダ湖産のレモンを喜んで買い続けたのである。

ただし、レモンハウスの建設は大変な仕事だった。労働者たちが岩だらけの斜面に段々畑を造ってレモンの果樹を植え、各段に灌漑用水路を掘り、畑を結ぶ石段を設けた。次に、畑全体に背の高い石柱を並べ、その上にクリの木の梁を格子状に斜めに渡していく。建物に屋

レモンの摘み取り。毎春、レモンハウスの壁と屋根が取り外され、倉庫に保管された。レモンは特殊なはしごや三脚を使って段々畑から収穫された。

根はなく、畑奥の石垣をのぞく三方面が石壁で囲まれ、屋根材を保管するための別棟も建てられた。

1786年9月のあるさわやかな朝、ヨハン・ヴォルフガング・フォン・ゲーテはリモーネの沖合を通りすぎ、「段階式の造りでレモンの樹を植えつけたリモナの山畑は、豊かな、しかも楚々たる眺めである」と表現した『イタリア紀行 上』岩波書店／相良守峯訳より引用）。『イタリア紀行』に彼はこう記している。

幾列かの四角な白塗の柱が並び、各列にそれぞれいくらかの間隔をおいて階段状に山腹を上手へと伸びている。これらの柱の上には丈夫な横木がわたしてあって、冬期になると、中に植えてある樹の蔽いをするようにしてある。船足がのろかったからこういう面白い光景を観賞するのには好都合であった。(3)

毎年11月25日の聖カタリナの日より前に行なわれる、レモンハウスを霜から守るための作業は、けっして面白いものではない。労働者たちは倉庫からレモン畑まで重い垂木《たるき》を運ぶと柱に架け、桁《けた》に固定して屋根を造る。次に、彼らは建物前面の開口部に取りかかり、柱と柱の間の空間を木の羽目板でふさぎ、何枚かには蝶番をつけて扉になるようにした。さらに、いくらかの光を取り込めるように細長いガラスの窓をはめこむ。隙間は乾いた草で埋められた。

レモンハウスに使われるガラスは、装飾的なオランジェリーよりずっと少なかった。そのため、内部はかなり暗く、羽目板と羽目板の間からわずかに日光が差し込むだけだった。しかし、ガラスの費用を考えれば、レモンハウスのほうがずっと経済的であり、柑橘類の冬越しには光よりも暖かさが必要ということを考えれば、効率的だった。気温が氷点下に下がると、農民たちは繊細な果樹を暖めるため、畑の端から端まで火を灯して歩いた。そして春になると、屋根材と前面の羽目板が取り外され、倉庫に戻された。

ガルダ湖のレモンは毎年5月から10月にかけて数回収穫された。大きさと品質によって選別すると、薄紙に包んで木箱に詰め、北部の各地へと出荷した。

陽光あふれるイタリアにあこがれるドイツ人は、ガルダ湖とそのレモンのことを熱く語り、アルプスの向こうの南国の味を褒めちぎった。ゲーテは、ある有名な詩でその地に不朽の名声を与えた――「君知るや、レモンの花咲く土地を」。

しかし、こうしたガルダ湖のレモンの輝かしい時代は、果樹が病気になり、厳しい寒さに大きな被害を受けた19世紀末には終わりを迎えた。生産コストの低下と輸送手段の向上にともなって、イタリア南部地方の競争力も高まった。北イタリアのレモンハウスは、ひとつ、

何世紀にもわたるリモーネの地理的な孤立が終わったのは、山々を貫く道路が完成した1931年だった。レモンハウスはすでにかなり減少していたが、残ったハウス農家は、増加する観光客にレモンを道路脇で売ることにした。

またひとつと放置されるようになり、第1次世界大戦の頃になると、兵士たちが防空壕の建設や薪として桁や垂木を持ち去るほどであった。

ガルダ湖の北岸には、今も山の斜面に白い石の角柱が立ち並んでいる。1912年にこの地に住んでいたD・H・ロレンスが述べたように、それは古代の要塞か寺院跡を思わせるような継ぎはぎの建物である。だが、レモンの木そのものがこのアルプス山地から姿を消してからも、その遺産は北部の人々の心の中に、レモンの味や姿、香りに対する愛として生きている――ロシア人がお茶にレモンの薄切りを入れるのを好み、ドイツ人やオーストリア人がレモンの皮を焼き菓子に入れるのを好むのは、その証拠であろう。そして、残された石柱は、アルプスの麓でレモンを育てることがいかに大変だったか、そして北部の人々がいかにレモンを愛し、そのためにいくら払おうとしたかを示す記念碑となった。

# 第4章 ● レモンの栄養学

１５１９年の夏、セビリア（スペイン南部）のプエルト・デ・ラス・ムエラの波止場は活気にあふれていた。船員や港の労働者たちが黒船5隻《せき》の艦隊のための食料を点検したり、備蓄したりしていた。食料を積み込む労働者たちの中に、ポルトガル語なまりで、足を引きずった背の低い男がいた。フェルディナンド・マゼランである。彼は世界一周という途方もない航海を率いる船長だった。

マゼランは乗員２６５名の食料に惜しみなく金を使っていた。というのも、食料は生命を維持するためだけでなく、乗員の健康と士気を高めるためにも不可欠と彼は考えたからだ。何千キロもの塩漬け牛肉や塩漬け豚肉、干したマグロ、タラ、イワシ、アンチョビが用意され、航海の初めには牛7頭と豚3匹が解体された。何トンもの堅パンをはじめ、大量の小麦粉、豆、米、オリーブ油、タマネギ、ニンニクが船に積み込まれた。殻入りアーモンドや干しブドウ、イチジク、蜂蜜、砂糖もたっぷりあった。巨大なチーズの塊も大量にあり、しかも「極上品ばかり」だった。さらに、約8万リットルものヘレス産「最高級」ワイン――船の装備以上に金がかかった――も用意された（乗員ひとりが毎日500ミリリットルのめる計算になる）。

しかし、ここまで食料に細心の注意を払ったにもかかわらず、マゼランは乗員の健康維持に役立ったはずの、ある食べものを忘れていた。それはスペインにごろごろあり、しかも冷蔵なしで何週間も保存できるもの――レモンだった。

## ●海の疫病――壊血病

マゼランの航海は苦難の連続だった。激しい雷雨、突風、強風、猛烈な吹雪、泳ぎ回るサメの群れ……。殺しの計画や反乱の企てがあり、裏切り者は拷問され、殺された。さらに、熱帯の暑さによる備蓄食料の腐敗から、耐えがたい飢えにも見舞われた。しかし、こうした困難の中でもとくに深刻だったのは、広大な太平洋上で乗員たちを襲い、多くの命を奪った謎の病気だった。

「ほかのどんな災難よりも、これが一番ひどかった」と、航海の個人的記録を残した若者アントニオ・ピガフェッタは書いている。「乗員の中には上下の歯肉がはれあがり、なにも食べられずに餓死した者もいた」。陸地から遠く離れ、衰弱した船員たちは手足の痛みや歯肉のはれに苦しみ、次々と死んでいった。しかし、いったいなにが――飢えは別として――原因だったのだろうか。

船員たちから「海の疫病」と呼ばれたこの病気は、マゼランの航海のわずか20年前にヨーロッパで発生し、喜望峰を回って航海したヴァスコ・ダ・ガマの乗員たちを襲った。大航海時代の不可解な出来事として、この病気は原因不明の数々の症状とともに、不規則に猛威を振るった。

濃い霧のような疲労感に襲われた船員たちは、しだいに無気力で陰鬱になり、ハンモックからほとんど起き上がれなくなった。手足がこわばり、歯肉がはれて出血し、呼吸も苦しそうだった。そして古傷が開き、黒いあざが現れ、関節や筋肉、骨に激痛が生じた。最後には外部の刺激に異常なほど敏感になり、発砲の音だけで命を落としかねない者も出てきた。

ある詩人はこれを「死に神の猛威」と呼んだが、それはヴァスコ・ダ・ガマの乗員の3分の2を死にいたらせ、その後300年間、長期の航海をする船のほとんどについて回った。マゼランの航海でも2度にわたって大発生し、乗員265名の約半数が命を落とした。まだ体力のある船員たちが仲間の遺体を古い帆布で包んで厚い板に載せ、足に砲丸を結びつけた。短い祈りを捧げたのち、彼らは厚い板ごと海に下ろし、遺体を波間に沈めた。

マゼランの乗員たちがその猛威に襲われた数十年後、この病気に scurvy もしくは scorbutus（壊血病）という名がつけられた。これは「切り傷の（あるいは潰瘍性の）膨張」を意味する古いアイスランド語 skyrbjúgur に由来する。英国の提督リチャード・ホーキンズによれば、彼が海軍にいた16世紀後半の20年間に1万人の船員が「この病気にやられた」という。壊血病で死亡した船乗りは200万人を超え、これは嵐や船の難破、戦闘、その他の病気による死者の合計よりも多かった[1]。

1842年のこのリトグラフに描かれているように、壊血病の最初の症状は重度の疲労感だった。当初は「怠惰や無精がその後の症状を引き起こす」と考える者もおり、船員たちは病気に負けないように甲板で運動やダンスをするように助言された。

レモンはそんな無数の命を救えたはずだったが、それがわかるまでには長い時間がかかった。そしてその間に混乱が広がった。ときには壊血病の症状がハンセン病や喘息、精神異常といった、ほかの病気のせいにされることもあった。因果関係が混同され、疲労の激しい船員たちが、病気に負けないようにもっと運動するように、あるいは毎日、甲板でダンスするようにとさえ言われた。「なぜならいったん怠惰や無精に陥ると、あっという間に壊血病が骨に取りつき、歯という歯を振り落としてしまうからだ」と、16世紀のある探検隊の隊長は警告した。[2]

一方で、その病気を不可抗力によるものだと考える者もいた。賢明にも、壊血病が長く船に閉じ込められた乗員にだけ生じることを見抜き、その原因が海気《かいき》の「ガス」にあるとする者もいれば、壊血病を脾臓の病と考え、酸とアルカリの不均衡のせいにする医師たちもいた。

では、食事についてはどうだろうか。実際、塩漬け肉の大量摂取や長期保存された食料の劣化、つまり、「備蓄食料の腐敗」が原因だとする者もいた。しかし、16世紀や17世紀には、食事の栄養素が欠けているのではないかと指摘する者はいなかった。「栄養素の摂取不足」という考え方は、まだ何百年も先のものだったのである。

## ◉謎の特効薬

「抗壊血病酸」、もしくはアスコルビン酸としても知られるビタミンCは、身体構造を取り囲み、その形態を保持する結合組織に含まれるタンパク質、コラーゲンの生成に不可欠である。体内でアスコルビン酸を生成できない種はごくわずかだが、その中には人間やサル、果実を主食とするコウモリ、モルモットが含まれる。こうした種は、壊血病を防ぐためのビタミンCを食事から摂取するしかない。

ビタミンCの摂取を食事に頼ることは、普通ならほとんど問題にならない。だが、長期にわたる探検旅行のように、3か月以上も生の果物や野菜なしで過ごすとなれば話は別だ。そうなると、コラーゲンが十分に生成されないことによるさまざまな症状が現れる――歯肉の出血やはれ、歯のぐらつき、手足のこわばり、足の斑点。ビタミンCが摂取されないと、微小血管が傷つき、組織が壊れ、最終的には死にいたる。

モルモットもビタミンCを外部摂取に頼る数少ない哺乳類のひとつだが、1907年、ふたりのノルウェー人科学者が、果物や野菜に欠けた食事を与えることで脚気《かっけ》（ビタミン$B_1$の不足によって引き起こされる病気）を誘発させようとして、たまたま、その実験動物にラットではなくモルモットを選んだ。彼らはモルモットに（脚気ではなく）壊血病の明らかな症状が出たのを見て驚いた。その実験はアスコルビン酸の発見と、ついには壊血病の原因解明につながった。

しかし、壊血病の原因が明らかになるずっと以前から、多くの人々はその治療法を知っていたようだ。実際、壊血病に苦しむ船乗りたちが、なかば本能的にレモンやダイダイの木に吸い寄せられることが何度もあった。1582年、壊血病にやられた船員たちは西アフリカの海岸に上陸し、そこに生育していたレモンに飛びついた。「神に感謝した」というその探検隊の隊長によれば、「レモンの果汁で口内を洗浄すると、口の症状が改善する者もいた」。

1593年、ホーキンズ隊が航海に出て4か月後、壊血病に苦しむ乗員たちはブラジル南部に上陸し、布と引き換えに「酸っぱいオレンジやレモン」を手に入れた。彼らはその果実を見ただけで生気をよみがえらせた。さらに1614年、オランダ東インド会社の探検隊は、「壊血病が乗員の間で急激に広がりはじめたため」、シエラレオネに立ち寄って2万8000個のレモンを手に入れた。ホーキンズが言ったように、柑橘類には「この病気に効く（中略）優れた未知の効能」があったからだ。(3)

こうした多くの事例は、レモンが壊血病に効くという非常に説得力のある根拠に思われた。一般に壊血病に柑橘類の摂取が有効だと主張したのは18世紀中頃の英国海軍軍医ジェームズ・リンドが最初であるとされているが、ではなぜ――こうした多くの事例がありながら――柑橘類有効説が学説として正式に発表されるまでこれほど長い時間がかかったのだろうか。『壊血病とビタミンCの歴史』〔北村二朗・川上倫子訳 北海道大学図書刊行会 1998年〕の中で、ケニス・カーペンターは柑橘類の事例がいかにさまざまな要因によって損なわれたかを説明している。とくに不利な側面となったのは、柑橘類が生育する上陸場所が危険な感染症や熱病、マラリアや赤痢の棲《す》みかでもあったということだ。壊血病と違って、こうした熱病などは恐ろしいほどの速さで広がり、とくに壊血病で衰弱した船員にとってはしばしば命取りとなった。

1601年に英国東インド会社の最初の探検を率いたジェームズ・ランカスターのように、多くの船乗りたちは対処の仕方をほとんど知らなかった。一方で、ランカスターはレモンの効能を意図せず証明することになった。自分の船の乗員たちにレモン汁を与えた彼は、彼らが他の3隻の船の乗員よりも健康状態がよいと記録している。航海の後半、乗員の壊血病初期症状に気づいた彼は、回復効果のあるレモンを摂取させるために船員たちをマダガスカルに上陸させた。彼らは「それをむさぼるように食べ」、ランカスターはレモンを「壊血病に対する最良の薬」と述べた。

しかしその一方で、船員たちがマダガスカルで感染性の熱病にかかって死んだとき、ランカスターはそれを彼らがプランテーンやレモンを食べたせいだとした。無実のレモンは、健康をもたらすとも、死をもたらすとも思われ、ランカスターにとっては信用ならない果物だったに違いない。

やっかいな側面はほかにもあった。生のレモンは特効薬のように思われたが、保存されたレモン汁や濃縮されたレモン汁——当時は「レモン水」と呼ばれた——を使った場合、その結果はまるで説得力に欠けるものだった。アスコルビン酸——レモンの目に見えない未知の有効成分——が時間とともに、あるいは加工によって失われることを、彼らは知る由もなかった。保存されたレモン汁はただ効果がないばかりか、レモンが壊血病に効くという説そのものにも疑問をいだかせるものだった(4)。

一方で、レモン以外にも多くの候補が壊血病の治療に用いられた。硫酸は１００年以上前から治療薬としてもてはやされていたが、根拠はまったくなかった。いくつか例を挙げると、酢や酒石英《しゅせきえい》、リンゴ酒、大麦麦芽も信憑性のある治療薬と考えられた。だが、そうした物質は無計画に、しばしば同時に乗員たちに投与されたため、なにが健康に役立ち、なにが病気の原因になるのかを明らかにできなかった。

たとえば、クック船長［ジェームズ・クック。１７２８-７９。オーストラリアやハワイを発見したイギリスの海洋探検家］がその艦隊における壊血病の撲滅に大きな成功を収めたのは、食料にザウアークラウト（塩漬け醗酵キャベツ）が含まれていたからのようだ。ところが、彼は乗員たちの部屋を換気したり、ザウアークラウトのほかにも麦芽や乾燥スープ、濃縮レモン果汁、酢、酒石英などを投与したりして、壊血病の治療法を次々と試したため、どの治療法に注目すべき効果があるのかわからなかった。その結果、依然として確かな治療法は見つからなかった。

### ◉レモングロッグ

1740年、ジョージ・アンソン［1697〜1762。イギリスの海軍提督・政治家］は英国初の世界一周航海に2000人の乗員とともに出発した。だが4年後に帰還したときには、乗員1400人が命を落としており、その死のほとんどが壊血病によるものだった。残った乗員たちも衰弱が激しく、船を離れることを余儀なくされた。

この悲惨な航海の公式報告は、ぞっとするような生々しい記述によって英国の人々を震え上がらせ、海軍当局に治療法を見つけるよう圧力をかけるものとなった。英国海軍の軍医だったジェームズ・リンドは、治療法として提案されている多くの候補のうち、どれに実際の効果があるかを、臨床科学における最初の対照試験とされる組織的研究によって明らかにしようとした。彼は12人の壊血病患者を隔離して6組に分け、それぞれの組に同じ食事を与えながら、壊血病の一般的な治療薬——リンゴ酒、酒石英、酢、ニンニク・マスタード・没薬《もつやく》・ペルーのバルサムのペースト、海水、オレンジとレモン——を、ひとつずつ毎日投与した。

「もっとも予想外の、目に見える優れた効果が認められたのはオレンジとレモンだった」と、リンドはジョージ・アンソンに捧げた著書『壊血病に関する論文 *A Treatise of the Scurvy*』（1753年）に書いている。その他の治療法はいずれも効果なしとされた。

こうして柑橘類が確かな治療薬になると思われたが、またしても大きな障害が生じた。リンドはこの柑橘治療薬を生の果実によってではなく、レモン汁の濃縮シロップによって投与するように提言した。生の果実は長期の航海中にカビが生える恐れがあったからだ。濃縮シロップなら数年は効果が保たれると彼は主張した。だが、実際はそうではなかった。リンドの処方を現代の技術で分析してみると、わずか1か月後にはビタミンCがもとの7分の1しか残っていないことがわかった。3か月もすれば、たとえ治療薬として投与しても、ほとんど効果はなかっただろう。

いずれにせよ、英国海軍がリンドの提言を実践したのは1795年のことで、その年、壊血病の惨状を目の当たりにした医師のギルバート・ブレーンが医療品の注文を担当する委員に任命された。リンドの研究を信じて、ブレーンは——壊血病の治療と予防を兼ねて——

乗員たちにレモン汁を支給することを勧めた。

同年、英国海軍はさっそくブレーンの指示を実行し、たちまち頑固な敵を征服した。幸運にも、果汁の水分をとばすというリンドの濃縮シロップの処方は用いられなかった。英国海軍の記録によれば、続く19年間で約６００万リットルのレモン汁が支給され、そのほとんどは地中海のマルタ島から運ばれたものだった。

レモン汁は樽の中でオリーブ油の層の下に保存され、果汁のアスコルビン酸のほとんどが失われずに保たれた。生のレモンは、塩漬けにしてから紙に包んで保存され、必要に応じて果汁がしぼられた。船が航海に出て５、６週間すると、乗員全員にレモン汁が毎日支給されるようになった。

19世紀半ばの一時期、海軍本部はレモンをライムに切り替え、英領西インド諸島で栽培される果実を使うようになった。しかし、ライムの果汁はレモンの果汁よりずっと効果が弱く、ふたたび壊血病が見られるようになった。ちなみに、このとき以来英国の水兵は「ライミー（ライム野郎）」と呼ばれるようになり、その言葉は今も使われている。

レモンであれライムであれ、船員たちはこの酸っぱい果汁を喜んで飲んだ。なぜなら、それはしばしばラム酒と組み合わされていたからだ。１７７０年代以降、「グロッグ」と呼ばれるラム酒の水割りは英国水兵の代名詞だった。それはこの酒の発明者エドワード・ヴァー

ジョージ・クルックシャンクの版画『追跡と捕獲の様子を語る船乗り *The Sailor's Description of a Chase and Capture*』（1822年）。グロッグの桶のひとつがテーブルの上に置かれ、もうひとつが天井から吊り下げられている。

ノン提督にちなんだ名で、彼は目の粗いグログラムという生地の防水コートを着ていたことから「オールド・グロッグ」と呼ばれた。ヴァーノンは船員たちに配るラム酒を水で割るように命じ、ラム酒約500ミリリットルを約1リットルの水と混ぜた。1795年以降、「グロッグ」という名は、レモン汁を含んだ新しい飲みものに用いられるようになった。

## ●レモンの治療薬の遺産

歴史上、レモンがこれほど重大な役割を果たしたことはない。船員たちがグロッグを飲むようになると、300年前にヴァスコ・ダ・ガマの航海で発生した壊血病という災いは、ほとんど姿を消した。英国海軍が1805年のトラファルガーの戦いでナポレオンを倒し、次の世紀にかけて海軍大国としての優位性を確かなものにできたのは、ネルソン提督艦隊の乗員たちの健康状態が良好だったおかげだと主張する者さえいる。

さらに、英国海軍の新しい配給食は、スペインやシチリア、イタリアといった地中海産のレモンをめぐる活発な市場を生み出した。そうした需要の高まりは、南イタリアのアマルフィ海岸やソレント海岸に興味深い影響をもたらした。何百年も前からレモン栽培が盛んだったこの地域では、レモンがまだ青いうちに収穫され、どの季節でも手に入るように洞窟で冷温保存された。

19世紀のこうした海外での需要の急増にともなって、イタリア半島西側に広がるティレニア海沿いの狭い湾曲部でアマルフィ産レモンを栽培していた農家は、耕作地の拡大に着手した。新たな土地は斜面の上のほうにしかなかった。つるはしや爆薬で岩を切り崩しては擁壁を建設し、細長い段々畑を上方のクリ林から運んできた土で埋めた。

小さいながらも、手入れの行き届いたレモン畑が、30段や40段もあるウエディングケーキのように斜面に造られた。収穫されたレモンはクリの木のかごに入れられ、木綿の手袋をした女性たちが選別した。薄紙に包んでからしなやかなポプラ材の箱に詰め、クリの木の輪で縛って、輸送中の保護と成熟を促した。

第1次世界大戦後、イタリア産レモンの売上高は、カリフォルニアをはじめとする大規模産地が海外市場を求めて台頭するにつれて減少した。さらに、1930年代末にビタミンCの化学的合成と商品化が実現すると、英国海軍のレモン需要も落ち込んだ。しかし、イタリアのこうした海岸地帯では、伝統的な栽培方法によって質の高いレモンが生産され、それらは今も世界屈指の一流品とされている。

壊血病を征服したレモンのもうひとつの遺産は、レモンに対する英国人の愛情である。米国では「レモン」という言葉が否定的な意味合いで用いられることがあるが、英国ではそうした軽蔑的な響きはない。1世紀以上にわたって、レモンは英国の人々の命を救ってきたからである。

# 第5章 ◉ レモネード

レモネードは、ホットであれアイスであれ、壊血病に効くことが知られる以前から、健康的な飲みものとして確固たる地位を築いていた。エジプトの医師イブン・ジュメイは、その12世紀の論文の中で、レモネードは「渇きを癒やし、体力を回復させ」、喉の炎症から消化不良、二日酔いまで、あらゆる症状に効くと記している。

レモンがまだ非常に高価だった16世紀の英国では、健康回復に役立つとして、レモネードのほか、精白した大麦と水に酒石英と砂糖、レモン汁を加えた浸出液「インペリアルウォーター」を医師が処方することもあった。そうした提案が英国の料理本の「病人向け料理」の項に登場したのは、19世紀に入ってからだった。たとえば、イザベラ・ビートンの『家政読本 *Book of Household Management*』（1861年）では、レモネードが「胆汁質と多血質」

の両方に効くとして、基本的な「病人向けレモネード」のほか、卵とシェリー酒を加えた「栄養価の高いレモネード」のレシピが紹介されている。

レモネード――とくにアイスレモネード――はまた、レモンと砂糖が豊富にある温暖な地域で、純粋な楽しみのために飲まれていた。

レモンと砂糖は、どちらも産地と地中海への伝達経路が同じで、名前のサンスクリット語やペルシア語、アラビア語のルーツからもその足跡をたどることができる。インドでは、しぼりたてのレモン汁と砂糖、塩、ときにはコショウなどの香辛料を合わせたニンブ・パーニと呼ばれる清涼飲料水が、とくに気分をすっきりさせるとされている。ペルシア語やアラビア語のシャルバットとシチリアのグラニタは、基本的にレモネードを凍らせたものである。中世のエジプトでは、一般に砂糖で甘みを加えた瓶入りのレモン汁が大人気で、輸出貿易も盛んだった(1)。

しかし、レモネードはヨーロッパ北部ではすぐには広まらなかった。輸入レモンは庶民が楽しむにはあまりに高価だったからだ。甘味料の問題もあった。蜂蜜は中世ヨーロッパでもっとも一般的な甘味料だったが、中世後期の度重なる宗教戦争により、蜂の巣が破壊されたり、捨てられたりして供給不足になっていた。また、西インド諸島やブラジルで栽培されていた砂糖も、17世紀初めまではひどく高価だった。それ以前のヨーロッパ北部では、レモネ

サンキスト・レモンのパンフレット（1939年）

ードは病人のための薬、あるいは金持ちしか味わえない贅沢品だった。

## ◉カフェを開いたレモネード売り

一方、一般庶民が飲むものは当然水である。パリでは、行商の水売りがただの水をもっとさわやかなものにし、同時に異臭をごまかすために、数滴の酢を加えることを学んでいた。しかし、1630年頃に状況が一変する。西インド諸島の砂糖農園の拡大――奴隷労働の悪しき慣習をともなう――が砂糖の価格急落につながったのだ。突然、レモンと水と砂糖で造られたレモネードが庶民の手に届くものとなり、一気に広まった。水売りは「レモネード売り」となり、背中の金属性のタンクから甘酸っぱいさわやかな飲料を販売するようになると、酢の売り上げも落ち込んだ。

17世紀半ばのフランスの料理本にはレモネードのレシピが多数紹介されており、それらはアンバーグリス（竜涎香《りゅうぜんこう》）やムスク（麝香《じゃこう》）、シナモン、ローズウォーター、ジャスミン、オレンジの花、カーネーションといった外国の香辛料や花で風味づけされていた。

フランソワ・ピエール・ド・ラ・ヴァレンヌは、著書『フランスの料理人』（1651年）［森本英夫訳 駿河台出版社 2009年］の中で、「レモネードは使用される材料によって、さまざまな造り方がある」と書いている。ジャスミンやオレンジの花のレモネードの場合、ふたつかみの花を数リットルの水で8時間から10時間ほど煎じ、それにレモン汁と砂糖を加えると記されている。

また、ルイ14世の従者だったニコラ・ド・ボンヌフォンは、著書『田園の楽しみ *Les Délices de la campagne*』（1662年）で、「レモネード」にまるまる1章を費やした。代表的なレシピとして、レモンの皮と果汁、粉砂糖を混ぜたものにコリアンダーの種子とシナモンを入れ、亜麻布で濾して瓶詰めにしたものがある。「好みでムスクやアンバーグリスを加えてもよい」という。

1676年、フランス政府はレモネード売りに対し、熱いコーヒーやお茶、ココア、ワインをはじめ、シュガープラムやブランデー漬けの果物、シロップやゼリーのほか、「香料入りのレモネード全般」を販売する独占権を与えた。新しく形成されたギルドの商人たちは蒸留酒の製造業者と合体し、レモネード売りと呼ばれながらも、それ以外のさまざまな飲料を売っていた。

シチリア生まれのレモン売りで、20代半ばのフランチェスコ・プロコピオ・ディ・コルテッリは、ギルドの会員権を買い、パリで毎年晩冬に市《いち》が開かれる間、3つの露店でレモネードや熱いコーヒー、お菓子を売っていたが、1686年にフォッセ＝サン＝ジェルマン＝デ＝

シャルル・フィリポン『レモネードを売る給仕 *Le Garçon limonadier*』(1827〜29年)、手彩色リトグラフ。レモネード売りは露天商として始まったが、やがて上品なカフェで飲料を売るようになった。

エドゥアール・マネ『レモン The Lemon』（1880年）。油彩、キャンバス。

プレ通りにフランス初のカフェ「カフェ・プロコップ」を開店させると、もっとも有名なレモネード売りとなった。

その当時、パリの居酒屋「カフェが登場する以前のパリでは飲みものを飲む店舗としては居酒屋が一般的だった」は暗くて窮屈で、人々がコーヒーやニュースを求めて集まるロンドンの広々としたコーヒーハウスとは大違いだった。そこでプロコピオは、自分のカフェを豪華な鏡やクリスタルのシャンデリア、大理石のテーブル、宝石のような色の液体を入れた美しいガラス瓶で飾った。そしてトルコ風の衣装を身にまとった青年たちが、レモネードやコーヒー、ココアを銀や磁器の茶碗に入れて運んだ。

劇作家のモリエールが集めた役者の一団が通りの向かい側に劇場を開くと、カフェ・プロコップの成功は確かなものとなった。役者や詩人、画家や作家、実業家や政治家が朝から晩まで店に集まって談笑し、こうしてパリのカフェ社会が生まれた。

## ◉アメリカの素朴な清涼飲料

アメリカの画家ラファエル・ピールは、17世紀のオランダ静物画家の伝統を受け継ぎ、その作品『レモンと砂糖 *Lemons and Sugar*』（1822年）において、黄金色のレモンのかごと装飾的な磁器の砂糖入れを描き、この調和の取れた組み合わせに敬意を表した。ピールの絵のレモンは、何世紀も前のオランダ絵画に描かれたレモンと同じく、おそらく輸入物の貴重なレモンだろう。19世紀末頃まで、アメリカのレモネードはしばしば外国産のレモンを使って造られた。

柑橘類はアメリカ大陸原産ではなく、コロンブスが1493年の2度目の航海でレモンやオレンジ、シトロンの種子をカナリア諸島からハイチへ持ち込むまで知られていなかった。カリブ海の気候は良好で、果樹園は数世代のうちに柑橘の森へと拡大した。

1540年までにポルトガル人がブラジルへレモンを持ち込み、1788年には英国人入植者の第1船団の団長がリオデジャネイロからオーストラリアへレモンの果樹を運んだ。

米国の画家ラファエル・ピールが1822年に『レモンと砂糖』を描いた当時、レモンはほとんどシチリアから輸入されていた。米国は20世紀初めまで輸入のレモンに頼っていた。

スペインの探検家や入植者たちも16世紀半ばまでにフロリダへ柑橘類を紹介したが、フロリダやカリフォルニアでの商業栽培が始まったのは19世紀半ばである。ただし、1890年代半ばにはフロリダのレモン産業はひどい寒波のために崩壊した。

20世紀初めまで、カリフォルニア産レモンのほとんどは粗悪なもので、米国東部の果実商たちはその質の悪さに不満を言った。実際、カリフォルニアで栽培されたレモンの多くは非常に品質が悪く、ロサンゼルスやサンフランシスコの市場においてさえ、地中海から輸入される高価なレモンに勝てなかった(2)。米国人が「レモン」という言葉を使って欠陥品を意味するようになったのは、その当時、米国産の満足なレモンがなかなか見つからなかったからかもしれない。

米国のレモネード製造業者は、高価なレモンを買ったうえ、輸入の砂糖にも高い代金と関税を払わなければならなかった。1880年代に甜菜糖《てんさいとう》の国内生産が始まるまで、レモネードのような砂糖入りのレモン菓子を作ることは大きな賭けだった。

そこへある組織が賭けに出た。英国で設立された宗教一派で、19世紀初めに米国のコミュニティーを確立したシェーカー教徒である。シェーカー教徒は非常に質素で、ほとんど自給自足の暮らしをしていたが、レモンについては例外で、彼らはオハイオ州ノースユニオンにある自分たちの村にはレモンが必需品だと考え、初めてお金を出してそれを手に入れた。

彼らはこの貴重な果物を少しも無駄にせず、皮と果肉は柔らかくしてレモンパイのフィリング［詰めもの］にし、レモンの皮は熱湯を注いでレモネードに加えた。『シェーカーズ・マニフェスト *Shakers' Manifesto*』の1881年号には、レモネードが「もっとも健康的で気分をすっきりさせる飲みもの」として紹介されている。米国の医師たちもこれに同意したようで、しばしば患者の気分を明るくするためにレモネードを処方した。

レモネードには、シェーカー教徒が重んじた性質がもうひとつあった。それはノンアルコールだということ、あるいは少なくともそうできるということだった。レモネードにアルコ

レモンを描いたラベル。禁酒運動によってレモネードが奨励されたことに続いて、19世紀末、米国では客にレモネードを出すための凝ったガラスのピッチャーが流行した。

ールを入れる習慣は、レモネードそのものと同じくらい古い歴史をもつ。1299年、モンゴル人はアルコールとともに保存した砂糖入りのレモン汁を楽しんでいたし、1795年には英国の水兵たちがレモングロッグによってレモン汁より多くのラム酒を飲んでいた。米国のバーテンダーもこれにならい、レモネードをワインや蒸留酒と一緒に出した。

しかし、19世紀半ばに米国の禁酒運動が高まるにつれ、支持者たちはアルコールやコーヒーといった「害悪」に代わるものとして、ノンアルコールの飲料を奨励した。すでに一般的だったレモネードは、ジンジャービールやスプルースビール、ソーダ水とともに、健全で素朴な「非アルコール飲料」として好まれるようになった。

1870年代には、第19代合衆国大統領ラザフォード・B・ヘイズの妻ルーシー・ウェブ・ヘイズが、ホワイトハウス内でほぼすべてのアルコールを禁止したことから、「レモネード・ルーシー」と呼ばれ、レモネードへの評価をさらに高めた。

レモネードの初期の米国のレシピは英国のレシピに由来し、シャーベットのようなものもあれば、牛乳や卵を加えたものもあった。また、レモンシロップを使ったものもあれば、水と砂糖、レモンの皮と果汁を合わせただけのシンプルなものもあった。

## ●レジャー文化とレモネード

18世紀以降、発泡性や炭酸性の飲みものが製造されるようになり、当時はそれらに薬理効果があると考えられていた。やがて砂糖入りのソーダ水が登場し、すでに一般的だったレモネードにも炭酸入りが現れた。1851年にロンドンで開かれた大博覧会では、ソーダ水やジンジャーエール、レモネードなど、100万本以上の発砲性飲料が販売された。

米国では、炭酸入りのレモネードやソーダ水がしばしば「ソーダ・ファウンテン」で提供された。これは禁酒運動の支持者たちが酒場に代わるものとして奨励した社交場で、人気もあった。1895年までに、約5万軒ものソーダ店が米国中でそうした炭酸飲料（とアイスクリーム）を販売していた。

しかし、米国で定着したのは、炭酸を含まないタイプのレモネードだった。その人気は、自宅でより手軽に造れるようになったことと、レモネードがレジャーと結びついたことから急上昇した。従来のレモンしぼり器は、ふたつの取っ手が蝶番で連結されたもので、ひどく使いにくかったが、1897年のシアーズ・ローバック社のカタログで紹介された新商品は、溝の入ったドームと果汁の受け皿がついたガラス製のしぼり器で、簡単に使えた。玄関ポーチなどでレモネードを出すのにうってつけの、特別にデザインされたガラスのピッチャーも流行した。夏場のピクニックやパーティーで、このさわやかなレモネードは多くの人々に愛された。

ソーダ・ファウンテンや軽食堂は、1920年の禁酒法施行によって大きな利益を得たが、1922年にカリフォルニア青果協同組合が柑橘類の電動ジューサーを製造・販売しはじめると、造りたてのレモネードをより簡単に出せるようにもなった。実際、1932年までに約6万6000台のサンキスト［前出のカリフォルニア青果協同組合（現サンキスト・グロワーズ）が所有する柑橘類ブランドで、今も世界的に有名］のジューサーが稼働していた。

さらに、レモネードはアイスクリームやホットドッグと同様、祭りやサーカス、カーニバ

レモネードスタンドは米国の夏の風物詩だ。

ル、海辺の遊歩道といった夏の娯楽と密接に結びつくようになった。とくにピンクレモネードはサーカスと関連が深く、その由来について面白い伝説が広がった。それによれば、ヘンリー・アロットというサーカスの露天商が、レモネードの容器にたまたま赤いシナモンキャンディーを落としたことから、1870年代にこの飲みものを考えついたという。

この話が疑わしいのは、当時の料理本にスイカやラズベリー、イチゴやサクランボといったピンクや赤の果物でレモネードに風味づけするというアイデアがすでに紹介されていたからで、さまざまなフレーバーのレモネードは目新しいものではなかった。

しかし、ワシントンポスト紙に掲載された1912年のアロットの死亡記事ではこの伝説は事実とされ、「トレイに並べられたピンクレモネードのグラスには、それぞれにストローが添えられ、ひと切れのレモンが浮かべてあった」として、「25年前なら誰もが、(中略)もしピンクレモネードがなくなったら、サーカスも一緒になくなると言っただろう」と記された。

## ◉イタリアとの結びつき

一方、ニューオーリンズにはシチリアからの移民が殺到し、彼らとともにレモンへの愛着と一種のフローズンレモネードが持ち込まれた。１８８０年以降、パレルモを出てニューオーリンズの港へ到着する蒸気船は「レモン船」と呼ばれ、それはシチリアで柑橘類の栽培や行商を行なっていた何百人もの移民とともに、大量のレモンを運んだ。実際、多くの人々がレモンの箱を抱えて下船した。シチリア人があまりに多くやって来たため、フレンチ・クオーター［ニューオーリンズの歴史地区。フランス・スペイン植民地時代の建物が数多く残る］は「リトル・シチリア」や「リトル・パレルモ」と呼ばれた。

彼らのほとんどは母国の貧困を逃れてきた農民で、ミシシッピ川沿いに広がるサトウキビ農園の収穫 zuccarta や波止場で、アフリカ系米国人とともに肉体労働者として働いた。そのほか、シチリアのつてを利用して、柑橘類をはじめとする果物の輸入業者や流通業者になる者もいれば、通りのレモネード屋台でグラニタに似たレモンの氷菓子を売る者もいた。

地元の砂糖と新鮮なレモン、そしてニューオーリンズのうだるような暑さは、とくに製氷が手に入るようになったこともあり、グラニタに似たフローズンレモネードを大ヒットさせた。作家のマーク・トウェインは、１８８３年から1日30トンの氷を製造しているミシシッピ川沿いの製氷工場の様子を描写したり、氷の塊を1トンわずか6ドルから7ドルで売るニューオーリンズの工場を訪れたりした。

米国北部で「イタリアンアイス」と呼ばれたフローズンレモネードの露天商は、街中の通

シチリアやイタリアからの移民は米国にレモンとレモネードへの愛着をもたらした。

りだけでなく、ジャージーショア［ニュージャージー州大西洋岸の避暑地］のような保養地でも屋台や露店を営んだ。そうした伝統的でもあり、現代的でもある屋台のひとつが、シカゴのリトル・イタリーにあるテイラー通りのマリオズ・イタリアンレモネードで、そこではつい1960年代初めまで、重さ45キロの氷の塊が荷馬車で配達されていた。

　こうした屋台の多くがそうであるように、マリオの店が開くのは夏の数か月間だけで、その時期には住人たちが束の間の涼を求めてやって来る。シカゴ市民はマリオのレモネード屋台の開店によって夏の始まりを知り、閉店に

1951年のこの広告に描かれているように、米国ではレモネードが夏のくつろぎの象徴となった。当時、フローズンレモネードがちょうど大衆市場に広まったところだった。

よって夏の終わりを知る。5月1日から9月中旬までの蒸し暑い日や晩には、20種類ものフレーバーが選べるフローズンレモネードを求めて、多くの人々が列を作る。

1962年、イタリア移民のマリオ・ディパオロとその妻ドロシーは、彼らの雑貨店のとなりに屋台を設けた。フローズンレモネードは2セントから5セントで売られ、ひだ入りの紙コップに盛って、スプーンなしで出された。創立者と同じマリオ・ディパオロという名の息子によれば、当初、レモンは手でカットして果汁をしぼり、手回しの木製器具でレモネードをフローズンな状態にしたという。今でもレモンは手で半分にカットされるが、果汁は業務用ジューサーでひとつずつ、種も含めて果肉全体からしぼられる。

イタリアのフローズンレモネードを売る店の多くと違って、マリオズ・イタリアンレモネードでは人工香味料やシロップはいっさい使わない。その製法は水と砂糖とレモンだけのシンプルなもので、スイカなど、レモン以外のフレーバーも水と砂糖に生の果物を加えて造られる。また、シェーカー教徒にならって、マリオの店ではレモンのすべての部分を利用し、どこも無駄にしない。「私たちは今もレモンの果汁だけでなく、レモンを丸ごと使っています」とディパオロは言う。「おいしいレモネードを造るには、果肉も皮も種も、レモンのすべてが必要なのです」

ただし、誰もがレモネードの材料にこれほどの信念をもっているわけではない。ある食料品店の1880年代初めの記録によれば、多くの露天商がレモンの味に似せるために酒石《しゆせき》酸《さん》を使い、本物らしさを出すためにレモンの薄切りを浮かべていた。また、1911年のサンキストのパンフレットには、「レモネードを注文する際は、生のレモンだけを使うように要求しましょう。しばしば有害な酸で代用されることがあります」との警告が載っている。

今日では、クエン酸によって酸味を出し、人工着色料を含んだレモネードの粉末もあれば、瓶入りのレモネードも広く市販されている。1950年代に広く知られるようになった濃縮フローズンレモネードは、サンキストによって「もっとも冷たい清涼飲料」として宣伝された。

甘い飲料の中でも炭酸飲料は飛びぬけて人気があるが、米国人は今でもレモネードに特別な愛着をもっている——夏のくつろぎの友として。

第6章◉夢のカリフォルニア

1893年の夏、カリフォルニアのある美しい柑橘畑を見るために、何万人という観光客が訪れた。それはオレンジの木が30本、レモンの木が20本のささやかな果樹園だったが、人々は「完熟の果実がちりばめられた」、青葉の茂る木々の様子に感嘆し、柑橘の花の豊かな芳香を胸いっぱいに吸い込んだ。

これらの観光客が目にしたのは、じつはカリフォルニアの実際の柑橘畑ではなく、シカゴのコロンブス万国博覧会に展示されていた柑橘畑だった。ワシを載せた塔や大きな地球儀、自由の鐘［1776年、米国の独立の際に鳴らされた鐘で、国家の自由の象徴］をかたどった実物大のレプリカなどの巨大な彫刻に、何千という生のオレンジやレモンが針金で結びつけられたものが人々の目を引いた。しかし、なによりも人々を驚かせたのは、この生きた果樹園であり、花や果実をつけた本物の木々だった。

シカゴ万博でこの果樹園を披露するにあたっては、綿密な計画と組織力が必要だった。生きた亜熱帯植物をこれほどの規模で輸送することは、米国ではかつて一度も成功したことがなかった。万博の1、2年前に掘り起こされた果樹は、その変化に慣らすために大きな箱へ移植された。そしてサザン・パシフィック鉄道［1865年設立。アメリカ南西部を走り、主要な大陸横断鉄道を持つ。総営業キロ2万キロ以上。1996年に買収される］でシカゴへ運ばれたのち、改めて植え直された。まるで王族のように大切に手入れされた木々は、万博の終わりまで元気に生育し、果実をつけた。

カリフォルニア万博委員会の報告書によれば、「この驚くべき展示は多くの見物客の強い関心を引き」、「とくに厳しい気候の下で生きてきて、そうした景色を楽しんだこともなければ、実をつけたオレンジやレモンの木を一度も見たことがない人々の間で、大きな注目を集めた」

## ◉レモンの聖地

チャールズ・コリンズ・ティーグという名の若者が、アメリカ中西部のカンザスから南カリフォルニアへ列車でやって来たのも、万博と同じ1893年の夏だった。これは米国のレモン産業を一変させることになる旅だった。ティーグの大おじは柑橘類に情熱をもつ裕福な石油業者で、最近、ネーサン・ブランチャードという先駆的な柑橘類栽培家と共同で、カリフォルニア州サンタポーラに400エーカー（約1・6平方キロメートル）にわたってレモンの木を植えたところだった。彼らはその農園をリモネイラと呼び、これはポルトガル語で「レモンの地」を意味すると言われた。

ネーサン・ブランチャードの指導で、ティーグはレモン栽培について多くを学び、その天賦の才を開花させた。ティーグが大おじとともに購入した40エーカーの区画——ティーグ・フォーティー——は、彼自身の経営の下、世界屈指の農園として名声を博した。

ティーグはどの台木を選ぶべきか、いつ収穫すべきか、害虫や病気、日光や風、霜の被害の問題にどう対処すべきかを学んだ。彼は灌漑方法を改良し、夏の市場に向けて冬のレモンを貯蔵する「ティーグ方式」を導入したほか、気温や湿度を管理し、保管および輸送中の換気に配慮することによって劣化の問題を解決した。ネーサン・ブランチャードから、彼はどのレモンも卵のように優しく扱うことを学んだ。

こうした新しい試みは、まだ始まったばかりのレモン産業に大きな影響を与えた。すでに見てきたように、20世紀初めまで、買い手の多くはたとえ輸入レモンがその5倍の価格であ

レモンの木箱のラベル。1848年以前のカリフォルニアはメキシコの一部であったので、最初の柑橘類はスペイン人の伝道区で栽培された。柑橘産業が始まって以来、カリフォルニアの果実梱包会社は、スペインやメキシコの伝統文化を反映したイメージと関わりが深い。

っても、カリフォルニア産レモンを受けつけようとしなかった。東部の青果商たちは、カリフォルニア産レモンは梱包がぞんざいで、新鮮な状態で届かないと不満を言った。

　レモン栽培の先駆者G・W・ガースロンが1891年に記したところによれば、「それらのレモンを使った人々は果汁をしぼるのにひどく苦労し、思わず冒瀆的な言葉を吐いた」[1]。カリフォルニア産レモンは、「シチリア産の輸入レモンとそれを好む大衆に対して、悲痛な戦いを挑んでいた」と、1899年のある農業手引き書の著者は書いている[2]。

　しかし、リモネイラのレモンは例

1905年、リモネイラ農園の人たちが収穫したレモンを木箱に詰めている。一杯になった木箱は荷馬車で運ばれた。

外となった。ブランチャードとティーグ――明敏な開拓者と革新的な経営者――は栽培方法、格付け方法、梱包方法、保管方法を改善し、輸送中の貨物車両に換気を要求した。シカゴのある商人は、リモネイラのレモンを受け取ってこう言った――「この世でこれほど良質なレモンはほかにない」

リモネイラ農園は、カリフォルニア全土の栽培農家からレモンの栽培と出荷の手本とされた。「それは一種のレモンの聖地になろうとしており」、「その地を目指してカリフォルニア中から巡礼者が来ている(3)」とティーグは1902年に記している。こうしてティーグが経営者兼会長を務めるリモネイラ農園は、世界最大のレモン生産地となり、真のレモン帝国を築くこととなった。

◉サンキストというブランド

「地上の楽園」などとロマンティックに表現された南カリフォルニアは、アメリカ東部から無数の移住者や未来の柑橘栽培者を呼び込んだ。この中のひとりがイライザ・ティベッツで、彼女は1873年、米国農務省に2本のブラジル産ネーブルオレンジの果樹を注文し、これがカリフォルニアのオレンジ産業の始まりとなった。柑橘類は大陸横断鉄道によって各地の品評会や見本市へ運ばれ、東部の市場を切り開いた。やがて柑橘畑は南カリフォルニア全体に広がった。

沿岸地域はレモンの栽培に最適だった。霜に弱いレモンは温暖な気候の下でよく育ち、しかもオレンジと違って、糖度を増すための気温の高い日を必要としない。地中海性気候によって一年中、果樹に花や実がつくため、年に4、5回は収穫ができる。1900年までに、カリフォルニア州サンタバーバラ地区は「レモンの生産にもっとも適した場所」と言われ、果樹園が山麓の丘に広がり、海岸線をレモンの花の香りで満たした。

1880年代半ば、柑橘類の栽培農家が集まって協同組合を設立し、自分たちの商品を

レモンの木箱のラベル。1899年、ある作家はサンタバーバラ近くのカーピンテリア・バレーをこう表現した――「世界でもっとも理想的な気候をもつとして知られるうえ、（中略）レモンの生産にもっとも適した場所」

差別化するために効果的なブランド名を生み出した。彼らは東部の仕入れ業者の関心を引くために、サンフランシスコやロサンゼルスの版画家に依頼して、木箱に貼るための色鮮やかな紙ラベルをデザインさせた。その魅力的なラベルは、効果的なマーケティングツールであったばかりか、商品の品質等級を示す指標でもあった。もっとも理想的な姿をしたものはサンキストのような一級品の指定を受け、それに次ぐものはレッドボール［カリフォルニア青果協同組合が作った二級品ブランド］などのロゴで表示された。ブランド名があらかじめ印刷された段ボール箱の登場によって、１９５０年代にラベ

1880年代から1950年代まで、柑橘類の木箱に貼られる版画のラベルには、仕入れ業者の関心を引くような魅力的なイメージや覚えやすいブランド名が使われた。カリフォルニア青果協同組合では、一級品に次ぐ果実にレッドボールのロゴが使われた。

ルの時代が終わるまで、8000枚を超える個性的なラベルがデザインされ、使用された。

柑橘類の販売における最大の進歩が始まったのは1893年で、その年、代表的な栽培農家の一団が、果実の取り引きや流通のために南カリフォルニア青果協同組合を設立した。これが1905年にカリフォルニア青果協同組合と改称され、1952年にはサンキスト・グロワーズと改称されて、世界最大の農産物販売協同組合となった。それは傷みやすい青果を広く宣伝した米国最初の組織でもあった。

当初、栽培農家は宣伝に金をかけ

レモンの木箱のラベル。カリフォルニア青果協同組合は、1908年にサンキストのブランド名を採用し、その最高品質の果実にサンキストのロゴを用いた。

ることを嫌がったが、サザン・パシフィック鉄道が中西部アイオワ州での5か月間の試験的販促活動にマッチング・ファンド［大規模なプロジェクトを実現させるため、複数の企業・団体が費用を分担し合う方式］を提供したことで、彼らはもはや拒絶できなくなった。1908年、横断幕が張られた特別な柑橘列車がアイオワへ入ってくると、同州はカラーの新聞広告や柑橘類の展示、ポスターや詩のコンテストであふれ返った。

多くの店で、「サンキスト」という覚えやすい名前入りの薄紙に包まれたオレンジやレモンの特売が行なわれた。柑橘類の売り上げは急上昇し、栽培農家にも鉄道会社にも、利益がどんどん転がり込

1910年頃のサンキストのパンフレット。パイのレシピや化粧品としての使用法が紹介されるとともに、レモンの健康増進効果が述べられていた。その本文によれば、「サンキスト・レモンの果汁には強力な殺菌作用がある。あらゆる病気を引き起こし、長引かせる微生物を全滅させる」。

んできた。翌年、彼らはそうした宣伝活動の予算だけでなく、それを行なう地域の範囲も拡大させた。

「健康にはオレンジ、豊かさにはカリフォルニア」というアイオワでの宣伝活動のスローガンとともに、サンキストは健康効果を売り込むことで食物の宣伝をした先駆者となった（一方で、その科学的価値を疑う者もいた）。１９１０年頃に出されたパンフレットでは、サンキスト・レモンの果汁が「天然の薬である有機塩を多く含み」、肺疾患から蜂刺されやニキビまで、あらゆる症状に効く強力な殺菌剤として宣伝されていた。温かいレモネードは胃を清め、肝臓の調子を整え、「脂肪過多を軽減する」と言われた。

1918年のサンキストの広告。レモンが料理にも健康にも奨励されている。

早い時期からカリフォルニア青果協同組合に関わっていたリモネイラのC・C・ティーグは、1920年に同組合の会長に選ばれ、30年後に亡くなるまでその任に当たった。彼はサンキストの全国規模での宣伝活動を強く支持し、その多額の予算を有利な投資と考えた。彼が記したところによれば、1916年の「オレンジを飲もう」キャンペーンは、米国の家庭におけるオレンジの消費方法を変え、売り上げの大幅アップにつながった。

サンキストの宣伝活動によって、レモネードや料理だけでなく、口内洗浄液や化粧品、家庭用洗剤、そしてなによりも健康のためにレモンが奨励されると、栽培農家の売り上げも上昇した。1918年、サンキストはビタミンに言及した米国最初の全国的広告主となった。ポーランドの生化学者カシミール・フンクによれば、レモンは壊血病や脚気、ペラグラ［ビタミンB群、とくにニコチン酸の欠乏による疾患で、皮膚や粘膜の病変、神経機能障害および消化管障害などの症状を呈する］、くる病［ビタミンDの欠乏による疾患で、乳幼児に骨の形成異常を引き起こす］などを防ぐことのできる必須の食物物質だった。レディーズ・ホームジャーナル誌に出された広告では、レモン汁は「バランスの取れた食事に不可欠な（中略）ビタミンを供給し」、「レモンは栄養を補助するものとして非常に重要で、毎日の食事に欠かせない」とされた。

## ◉ビッグビジネス

1930年代、大恐慌が深刻化する中においてさえ、レモン栽培農家の繁栄は続き、レモンは驚くほど高値で売れた。リモネイラにつづき、もっとも成功した事業者のひとつが、1897年に法人組織となったジョンストン・フルーツカンパニーだった。J・ハーレイ・ジョンストンは、イタリアで1年間レモン栽培について学んだのち、サンタバーバラ郡全域の栽培農家のために果実の梱包を行なった。その梱包工場はサザン・パシフィック鉄道の沿線やサンタバーバラの主要な港の近くに建ち、鉄道や蒸気船でレモンを世界中に出荷した。

1938年、柑橘類の取り引きに関するラジオ放送で、ティーグは「どこの農家や生産者の団体も、カリフォルニアのレモン農家ほど快調に大恐慌を切り抜けてはいない」と豪語した。彼らが成功したのは、「サンキスト商品の宣伝力によって、どこの店でも高価格を維持できるからだ」と彼は言った。(4)

しかし、ティーグの次のラジオ放送では、需要拡大の必要性が強調された。サンキストの宣伝によって、風味づけや装飾、頭髪用リンスや化粧品といったレモンのさまざまな用途が広まったことから、彼は新たな販促活動を発表した。それは「毎朝か毎晩、便秘薬としてレモン果汁入り炭酸水を飲むこと」で1日1個のレモンが消費される、というものだった。「も

1935年のサンキストのパンフレット。レモンのシャンプーやリンス、レモンの洗顔料やクリームの作り方が紹介されている。レモンの果汁は入浴で疲れをとり、シミ・ソバカスを消し、ダイエットに効果があるとされた。

し100人のうちのひとりが毎日1個のレモンを使うようになれば、国内消費は20パーセント増加する」とティーグは語り、最後に熱いメッセージを残した──「需要の拡大が必要だ。われわれは全力でそれを追求する」(5)

ティーグがレモンの力を信じたのは、非常に個人的な理由からだった。子供の頃の事故で股関節を損傷した彼は、大人になってからもつらい関節炎に苦しんでいた。地元の医師たちも、メリーランド州ボルティモアのジョンズ・ホプキンス病院の医師たちも、助けにはならなかった。

だが、彼はリモネイラの果樹園にレモンという最高の治療薬を見つけた。最初、彼は毎日2、3個のレモンの果汁を水と一緒に飲んだ。やがて、毎食時にレモン2個、就寝前にレモン2個へと増やし、全部で1日8個のレモンを使うようになった。本人によれば、レモン汁は関節炎を和らげたばかりか、消化不良という別の持病にも効いたという。(6)

このティーグのレモン療法を極端にしたのが、「解毒作用のある」レモネード・ダイエットで、代替医療の提唱者スタンリー・バローズによって1940年代に生み出された。彼は新鮮なレモン汁とメープルシロップ、そして少量の赤トウガラシを水と一緒に飲むこと──そして10日以上断食すること──で、潰瘍などの体内の疾患を治すことができると考えた。バローズの著書『マスター・クレンザー *The Master Cleanser*』が1976年に出版されると、「レモネード・ダイエット」は広く支持された（近年、手早く体重を落としたいセレブを中心にふたたび大きな注目を集めている）。

これよりおだやかなレモン療法で消化不良に効くとされたのが、1930年代初めにアーヴィン・シュワルツバーグというシカゴの企業家が採用したものだ。彼は医師から1日の始まりにレモン汁と水を飲むように勧められた。最初は医師の指示にきちんと従ったが、数か月もするとレモンをしぼるのが面倒になってきた。そこで、彼はなんとかこの手間を回避する方法はないかと考えた。企業家だった彼は、レモン汁の瓶詰めを考案し、1934年にそれを「リアレモン」として食品産業に売り込んだ。1941年までに、この保存料を加えたレモン汁は、レモンの形をした黄色いプラスティックの瓶に入って、食料品店に並ぶようになった。

便利なリアレモンが生のレモン市場に切り込んできたのは確かだった。しかしサンキストはその存在をまったく気にせず、1947年にサタデー・イブニングポスト誌の広告で、「レモンと水の健康法を規則正しく続けましょう。グラス1杯の水にレモンの果汁を入れること――そしてそれを朝一番に飲むこと――で、毎日の便通がスムーズになります」と読者にすすめた。それはC・C・ティーグ本人が書いたかのような広告だった。

サンキストの広告は、ハンガリー出身の生化学者アルベルト・セント=ジェルジが

1928年にビタミンCを発見すると、レモンの健康効果をさらに強調した。1930年代後半に合成のビタミンCが薬局や食料品店に登場すると、今度はレモンが天然のビタミン源であることを強調した。

一方、1936年、セント＝ジェルジはレモンの皮に別の成分――「シトリン」というフラボノイド（有機化合物の一種）――を発見し、それが毛細血管の維持・強化に不可欠だと主張した。その成分は「permeability（透過性）」を正常に保つという働きから、ビタミンPと名づけられた。

しかし、ビタミンPの効能とされるものは実証されず、それが不足したからといって欠乏症が現れるわけでもなかったため、ビタミンPはビタミンとしての正式な地位を得られなかった。やがて柑橘類フラボノイドに治療効果はないことが証明され、1938年までに、セント＝ジェルジ自身が「シトリン」すなわちビタミンPに対する主張を取り下げた。

だが、この残念な結果にもかかわらず、サンキストの1939年のパンフレットには、レモンがビタミンCの宝庫であることに加えて、「『シトリン』という別の化学的成分（ビタミンP）の重要な供給源でもある」と記された。

レモンのより継続的なセールスポイントは、「天然のビタミンC源」という健全性だった。

1950年代、サンキストはレモネードが「ほかのどの夏の飲料よりも完璧に」気分をすっきりさせると強調したが、そこにはある単純な根拠があった――「レモン汁は暑さによって奪われたビタミンCなどのエネルギー源を補ってくれる」

## ◉マイヤーレモン

フランク・N・マイヤーは、カリフォルニアにその名の由来となったマイヤーレモンを紹介した人物で、彼は植物と徒歩旅行というふたつのことに情熱をもっていた。1875年、オランダに生まれた彼は、若い頃、オレンジ畑を見ようとコンパスだけを頼りにオランダからイタリア、スペインまで歩き、この両方の望みを叶えた。猛吹雪のアルプスを越えようとして死にかけたこともあったが、これはのちにアジアで直面することになる事件を予言していた。

マイヤーは14歳ですでに庭師の助手としてアムステルダムの植物園で働いており、やがて実験農園の園丁へと出世した。しかし彼は定期的に旅への衝動に駆られ、22歳の頃にイングランド経由でアメリカ大陸へ渡り、1901年に米国に行き着いた。彼はワシントンDCにある米国農務省の温室に仕事を見つけ、1年間働いたのち、ふたたび旅心に駆られた。カリフォルニアやメキシコへ旅し、植物を研究しながらメキシコ全土を何百キロも歩いた。さらにキューバの植物を研究するために旅したのち米国へ戻り、ミズーリ州セントルイスの植物園に仕事を見つけた。

植物への深い関心と、長距離の徒歩旅行をものともしない体力をもつマイヤーは、中国で植物の調査を行なうという任務にうってつけだった。農務省外国植物導入課の課長だったデーヴィッド・フェアチャイルドは、1904年の夏にマイヤーを面接に呼んだ。それはうだるような暑い日で、マイヤーのシャツにはいくつも汗の筋が走っていた。「ちょこんと椅子にすわった彼には熱意と鋭い知性がみなぎっており、その姿は一瞬にして私の心をつかんだ」と、フェアチャイルドは回想録の中で振り返っている。

マイヤーの「植物に対する強い情熱」は、長距離を歩き抜くだけのスタミナや意欲とともに、フェアチャイルドに深い感銘を与えた。というのも、中国奥地には道路がなく、そこでは歩くことが決定的に重要だったからである(7)。

1905年から13年間にわたって、マイヤーはアジアへ4度の大規模な探検に出かけた。これ以上ないほど困難で原始的な状況のなか、種子や挿《さ》し木、接《つ》ぎ木、標本となる昆虫を採集し、それらを梱包して本国へ送った。彼は「人間の役に立つものを探して大地を見渡す」という任務を負って、アジア全域——中国、ロシア、日本、ペルシア、チベット——を何千キロも歩いた。

フランク・N・マイヤー。マイヤーレモンを発見した1908年、中国にて。4度にわたる探検の最初の旅で、マイヤーは厳しい条件に耐えながら約3000キロを歩いた。

1905年から1908年の最初の探検で、彼は揚子江から満州まで約3000キロを歩き、わずか3か月間で3足の靴を履きつぶした。狭い山道や崩れかけた小道、壊れそうな橋、氷で覆われた渓流や原生林など、徒歩旅行はしばしば危険をともなった。マイヤーは猛烈な砂塵嵐や雹《ひょう》混じりの暴風雨、オオカミや追いはぎの襲撃も切り抜けた。害虫だらけの薄汚れた田舎宿の石のベッドでささやかな休息を取ったが、ときにはペンのインクが凍るほど寒いこともあった。

すべては有益な植物を見つけるためであり、とくに耐寒性のある種や病気に強い種が求められた。「私はこの仕事を心から愛しています」と、彼はフェアチャイルドに宛てた手紙に書いている。「この仕事をするために生まれてきたのだと思います(8)」

ただ、マイヤーには「奇妙な矛盾」があったと言われている。彼は英語、ドイツ語、オランダ語に堪能で、ほかにも4つの言語をなんとか操ることができたが、中国語だけは流暢に話せるようにならず（彼が言うには、多数の方言があったため）、東洋の習慣にもなじめなかった。彼は何度も神経衰弱に陥り、急に社交的になったり、不機嫌になったりを繰り返した。

1918年6月、4度目の探検中にフランク・マイヤーは不可解な死を遂げた。彼は中国内陸から上海へ向かう日本製の川船から姿を消し、のちにその遺体が揚子江で発見された。

彼は上海に埋葬され、死因が明らかになることはなかった。

最終的にマイヤーは、耐寒性があり、病気に強いアジア原産の植物2500以上を米国に紹介し、それらは同国の景色と農業を一変させた。ほんの数例を挙げれば、彼は42種類の大豆を紹介し、耐乾性の陰樹《いんじゅ》［日陰でもよく生育する樹木］を米国の大草原にもたらし、モモやアプリコット、プラムの品種改良や胴枯れ病に強いナシの開発を促した。しかし、マイヤーのこうした計り知れない功績は、彼が1908年に北京のある中庭で発見し、カリフォルニア州チコの農務省植物導入局に届けた矮性《わいせい》［植物の草丈・樹高がその種の標準より低いこと］のレモンの木を除いて、ほとんど忘れられている。

マイヤーレモン（学名 *Citrus x myeri*）は、レモンとオレンジの天然交配種であるため、本物のレモンより寒さに強く、トゲも少ない。そのため、カリフォルニアの家庭菜園や庭地で急速に広まり、普通のレモンの木を育てるには寒すぎる同州の北部地域でも人気となった（1940年代、マイヤーレモンの木はウイルスの棲みかであることが判明したため、1960年代にカリフォルニア大学によって開発された「改良型マイヤーレモン」に取って代わられた）。

この黄金色の皮の薄いレモンは、花のような香りと酸味の弱さ、果汁の甘さで長く評価されてきたが、その人気がグルメな料理人たちの間で高まったのは1980年代初めである。

人気のきっかけは、オーガニックレストランの草分け、シェ・パニースのパティシエであるリンジー・シェアが、地元バークレーの裏庭にあった木からマイヤーレモンを入手したところ、一般的なレモンよりも甘く、「より繊細で複雑な香り」をもち、シャーベットやタルトなどのデザートに最適であることを発見したことだった。すぐにほかの料理人たちもこぞってマイヤーレモンを求めるようになり、卸売業者は大金を払ってマイヤーレモンの確保に走った。

カリフォルニア大学の農場管理人だったマイク・フォスケットは、十代の息子が近所の放置された木からマイヤーレモンを収穫し、高値で売っていることを知った。マイヤーレモンは商売になるとひらめいたフォスケットは、仕事を辞め、サンホアキン・バレーに移り、妻や別の夫婦とともに、マイヤーレモンをはじめとする柑橘特産品の栽培・取引・宣伝を行なう会社を始めた。

## ◉移民労働者

フランク・マイヤーがその新しい品種のレモンをカリフォルニアへもたらす以前から、同州のレモンは中国と深い関わりがあった。カリフォルニアの作家ケアリー・マクウィリアム

この20世紀初めの写真にあるように、果樹園から運ばれたレモンは機械で洗浄されたのち、作業員たちによって色で選別された。現在の梱包工場では、こうした仕事はコンピューター制御の機械で行なわれている。

スは、もし1870年代や80年代に「安い賃金でもよく働く中国人労働者の存在がなかったら」、同州の柑橘産業はこれほど急速に発展しなかっただろうと言っている。(9)

リモネイラ農園の雇用慣習はその典型であり、1893年にはC・C・ティーグは中国人労働者の一団にレモンの収穫をやらせている。しかし1890年代末、中国人への抗議運動や嫌がらせが広まったことにより、彼らはカリフォルニアの柑橘畑から姿を消してしまった。そこで1900年代初め、リモネイラは日本人労働者を雇ってレモンの収穫と梱包をやらせた。彼らは第2

レモンの収穫は今でも重労働だ。作業員はレモンの木の鋭いトゲから身を守るため、厚着をしなければならない。

電子選別・格付けシステムが導入される以前、カリフォルニアの柑橘梱包工場では、女性を中心に何千人もの熟練労働者が雇われていた。

次世界大戦時に仮収容所へ送られるまでこの梱包工場で働き続け、大戦中は女性労働者が彼らの代わりを務めた。

次に移民の波を作ったのはメキシコ人で、1914年から1919年までに5000人がやって来て、柑橘産業で働いた。メキシコ人とメキシコ系米国人は、今もカリフォルニアのレモン産業において労働力の大半を占めている。

レモンの収穫作業は1893年当時からあまり変わっておらず、依然として重労働である。レモンの木にはやっかいなトゲがあるため、作業員は前腕部を保護するために分厚い皮の手袋とキャンバス地の袖カバーをつけ、暑い日でも、肌をすみずみまで守るために何枚も重ね着をする。収穫期の気温が49℃にもなるアリゾナやカリフォルニアの砂漠地帯では、とくに厳しい作業だ。彼らは大きさでレモンを選び、植木バサミで切り取る。果樹のまわりを素早く移動し、はしごを昇り降りしたり、ときには枝葉の下にひざまずいたりしながら、肩にかけた長いキャンバス地の袋にレモンを詰めていく。

1980年代半ばまで、柑橘類の梱包工場では何千人もの労働者が雇われ、レモンを洗浄したり、大きさや色、質によって選別したり、箱詰めしたりしていた。現在、こうした仕事のほとんどはオートメーション化されている。かつてはひとつの柑橘類梱包工場で5人が雇われていたが、今はひとりだけですむなど、人の少なくなった梱包工場が数多く存在する。そこでは人間の代わりに、電子格付けシステムがスキャナーによって傷のあるレモンを見つけ出し、皮の厚みや形、大きさや色によってレモンを選別している。

C・C・ティーグは、自分が労働者ひとりひとりの名前を知っており、リモネイラが従業員に敷地内の快適な住居を提供していることを誇りにしていたが、回想録『農園経営者としての50年 *Fifty Years a Rancher*』の中で、彼はリモネイラでの半世紀において、「本来なら良好だったはずの従業員との関係を損なう出来事が一度だけ」あったと述べている(10)。

1941年、カリフォルニアの柑橘労働者の組合を組織するための運動で、6000人のメキシコ人労働者が仕事を放棄した。そこにはリモネイラの1500人の従業員の多くも含まれていた。レモン栽培農家は労働者側の要求を認めず、リモネイラはストライキを起こした労働者の代わりとして、ダストボウル［米国中西部の黄塵地帯。１９３０年代に砂塵嵐に見舞われた］からの移住者を雇った。５か月後にストライキが崩壊すると、労働者たちは仕事へ戻り、以前の賃金で働いた。

## ●レモン大通り

20世紀半ば、南カリフォルニアはイタリアを超える世界最大のレモン生産地となっていた。しかし、その快適な気候に恵まれた太平洋岸の美しい景観は、柑橘類を育てるにはもったいない存在にもなっていた。１９５０年代から60年代にかけて、サンタバーバラ地区のレモン畑は開発のために次々と伐採され、土地は小分けにして売却された。

サンタバーバラの少し南にある「モンテシートの長者村」[11]では、かつての柑橘農園が富裕層向けの保養地に姿を変えていた。モンテシートの丘陵地帯にあったジョンストン・フルーツカンパニーは、セレブ御用達《ごようたし》のサン・イシドロ・ランチという高級ホテルとなり、以前のレモン梱包工場にはレストランが造られた。

１８８７年からレモン栽培を行なっていた広大なクロッカー＝スペリーのランチョ・ラ・

フエンテは、高級住宅がゴルフコースやテニスコート、噴水を囲むように広がるゲーテッド・コミュニティー［防犯性を高め、資産価値を保つために周囲をゲートで囲った住宅地］となった。

1892年に中国人石工たちによって建てられたレモン梱包工場は、大きな砂岩のブロックや高さのあるアーチ形の入り口が特徴で、レモンを積んだ荷馬車を何台も収容できるように設計されていたが、1967年にクラブハウスへ改装された。かつてのレモン栽培の名残《なごり》を伝えているのは、ロビーに置かれたレモンの木の鉢植えと生のレモンが盛られた器だけである。

サンタバーバラ地区のレモン農地は、南のカーピンテリアにある主要な梱包工場が火事で焼失した1978年以降、約3分の2も減少した。サンタバーバラ・レモン組合はその10年後に活動を停止し、この地域のレモン時代の終わりを告げた。

サンタバーバラから海岸線を南に下ったベンチュラ郡の内陸部には、今も豊かな耕地が何キロにもわたって広がり、農業区域のために開発も進んでいない。ただし、サンタバーバラ郡に隣接するベンチュラ郡では、ライ豆やクルミに代わってレモンを主要作物としていたが、現在はラズベリーやイチゴのような、生長が早くてすぐに商品化できる作物に転換するため、多くのレモンの木が伐採されている。

この地で60年以上にわたってレモン栽培を続けてきたボブ・グレーザーは、こうした変化

1930年代のレモンの木箱のラベル。カリフォルニアのレモンのほとんどはベンチュラ郡産だ。レモン栽培に最適な気候で、年間を通じて花や実がつく。

を長期的な視点で見ている。ドイツ移民だった彼の父親は、１９０６年から１００エーカー（約40ヘクタール）の土地を耕し、最初は農地全体に当時需要の高かったライ豆を植えたが、徐々にクルミに植え替えていった。そして１９６０年頃、クルミが十分な利益を出さなくなると、代わりにレモンの木を植えた。

　グレーザーの「自宅農園」に隣接する道路は、かつての作物にちなんでクルミ大通りと名づけられた。「私が生きている間に、この道路はライ豆大通り、次にレモン大通りと呼ばれてきたりもした」が、「私がいなくなったらイチゴ通りと呼ばれるだろうね」とグレーザーは言う。

グレーザー家は現在、レモンを中心とした800エーカー（約320ヘクタール）の柑橘畑とアボカド畑を所有する一方、さらに2000エーカー（約800ヘクタール）を超える果樹園の受託経営や管理を家族で行なっている。しかし、こうした理想的な「レモンの地」以外の場所では、イチゴの苗が飛び出した黒いシートや、ラズベリーの苗が並ぶビニールハウスが農地を覆っている。なぜなら、ベリー類は短期間で栽培できるが、レモンは実をつけるまでで5年、植えつけの判断が正しかったかどうかがわかるまでには20年もかかるからだ。

土地や木やメンテナンスに多額の費用がかかるうえ、時間もかかるとあって、ベンチュラ郡の農家のほとんどはレモン栽培をあきらめている。レモン農地はアリゾナの砂漠地帯やカリフォルニアのコーチェラ・バレー、テハチャピ山地北部からサンホアキン・バレーまで広がっているが、こうした地域のレモンは年に一度しか収穫できず、風害や旱魃《かんばつ》、霜害《そうがい》のリスクも高い。

21世紀に入って、カリフォルニアはもはや世界最大のレモン産地ではなくなった。世界市場ではチリやアルゼンチン、メキシコ、スペインがますます競争力を高めているが、それは日本やヨーロッパ、米国の仕入れ業者が年間を通じたレモンの供給を求めているからだ。2003年、そうした需要に応えようと、サンキストはカリフォルニアとアリゾナで供給を確保することに加え、海外産地からの柑橘類の輸入を始めた。

最初にカリフォルニアのレモン帝国を築いたリモネイラは、アボカドやオレンジ、その他の特産品とともにレモンの栽培も続けているが、現在は不動産開発事業も行なっている。２０１０年、同社は公開株式会社となり、その直後にサンキスト・グロワーズとの関係を断つと発表した。

陽光に照らされた斜面にレモンの果樹園が広がるベンチュラ郡の農園で、ボブ・グレーザーは「長い目で見れば、もっとも堅実なのは柑橘類だ。われわれはこれからもレモンを大切にしていく」と語り、最後にこう言った――「レモンの将来は明るい。私はそう楽観している」

# 第7章◉家庭で、そして世界で

世界の主要なレモン栽培地の中には、とくに風光明媚な沿岸部を中心に、住宅開発や観光産業の波に飲み込まれてしまったところもある。カリフォルニアのサンタバーバラ南部にあるゴリータや、イタリアと国境を接するフレンチ・リヴィエラのマントンといった町では、毎年のレモン祭りでその地域の農業の歴史が祝われるが、これらの地域のレモン栽培はひどく衰退している。

しかし、南イタリアの地中海岸では伝統的なレモン栽培が今も盛んで、その健康的なイメージは観光事業の発展にも役立っている。世界の高級レモンのいくつかは、アマルフィ海岸産のものである。ここでは1825年以来、アチェート家が3世代にわたって、海を見下ろす斜面の段々畑でレモンを栽培してきた。

フレンチ・リヴィエラのマントンで行なわれるレモン祭りでは、巨大な山車によってレモンやオレンジが祝われる。

レモンなどの柑橘類はロサンゼルスの卸売市場で売られ、米国全土へ出荷される。

アマルフィ海岸の貴重なレモンは、段々畑で古くからの手法で栽培されている――格子棚で木々を支え、ネットカバーで果実を守る。

だが、彼らがアマルフィの栽培農家の協同組合を組織し、そのレモンに「リモーネ・コスタ・ダマルフィ（アマルフィ海岸産レモン）」という地域ブランドを与えたのはつい1992年のことだった。それらのレモンは、近くのソレント海岸産のレモンとともに、EU（欧州連合）から名誉あるPGI（Protected Geographical Indication 地理的表示保護）の認証を受け、伝統的な方法で生産された地域原産の食物であることを示している。これが意味するのは、買い手がその優れた品質を認め、それに応じた金額を惜しみなく払うということだ。

では、これらのレモンはなにが特別なのだろうか。多くの人々の話によれば、それはこの地に植えられたレモンの品種が特別というだけでなく、古くからの栽培方法が今もそのまま受け継がれているからだという。

アマルフィ海岸の果樹園はそれぞれ小規模で、段々畑の貴重なレモンは独特の古風な手法で手間暇かけて栽培されている。木々はクリの木の格子棚で支えられ、冬はパリアレッリと呼ばれる藁のマットや黒いネットで果樹園全体が覆われる。それは果樹を寒さや風や雹から守るだけでなく、日光を最小限に抑えて成熟を遅らせるためでもある（ゆっくりと時間をかけて熟したほうがレモンの皮に濃厚な香りと風味が出ると言う人もいる）。

淡黄色のアマルフィ産レモンは大ぶりで形がよい。種が少なく、豊かな酸味の果汁がたっぷりと含まれている。最大の長所はその果皮《かひ》で、甘くて非常に香りがいい。アマルフィ産レモンの大部分は、地元の名産品リモンチェッロの材料にされる。これはレモンの皮を使ったリキュールで、1リットルのリモンチェッロを造るためには6キロのレモンの皮が必要とされる。この地方を訪れた人――本当にたくさん！――のほとんどがこのリキュールを味見するが、チャールズ・ペリーの言葉を借りれば、「新鮮で楽天的なレモンの味わいが口の中で炸裂するようだ」という(1)。

## ◉レモン油とレモン汁

リモンチェッロに生き生きとした風味を与えるレモンの精油は、果皮のすぐ下にある楕円形の油胞《ゆほう》に含まれている。レモン油には100以上の化学成分があり、なかでも主要なのがD-リモネンで、溶剤として利用されている。

イタリアやスペインでは、伝統的にレモンの皮を手でしぼり、その油分をスポンジで集めたが、これは香水のためにシトロン油を集めた古代の方法とよく似ている。18世紀後半、フランスでもっとも愛された香りは柑橘類の精油から造られていた。「レモンの香水はすべての香水に勝る」と、1777年に『蒸留についての約束 *Treaty on Distillation*』を書いたフランス人作家は言っている。「もっとも人気のある精油はレモンの皮であり、たしかにその香水は魅力的だ[2]」

現在、レモンの果皮は加工工場で抽出機を使ってしぼられ、1トンのレモンから4・5キロのレモン油が取れる。巨大なトラック何台分ものレモンがサンキストの生産工場へ運ばれ、そこで毎時75トンのレモンが果汁や果肉、レモン油へと処理される。リアレモンはレモン果汁の主要な買い手だが、コカ・コーラなどの飲料メーカーはソフトドリンク用にレモン油を購入する最大の顧客である。

レモン油の心地よい香りには大きな市場価値があり、無数の家庭用品に使われている。

レモン油のすっきりとしたさわやかな香りは、洗剤から家具のつや出し剤、消臭スプレー、シャンプー、保湿剤、香水まで、ありとあらゆる製品に利用されている。

果汁と油が抽出されたのち、残った果皮や果肉などの多くは動物の飼料として、とくに柑橘類を綿の実などの飼料と混ぜる酪農家に売られる。彼らによれば、牛はレモンの皮が大好きらしい。

## ◉世界のレモン・マーケット

シチリア移民の子のジェームズ・シルヴィオは、15歳の頃、ロサンゼルス農産物市場の向かいで靴磨きの少年として働いていた。ある日、彼は通りを渡り、農産物の仕入れ係としての仕事を得た。そして1955年、彼は自分で柑橘類の卸売業を始めた。息子のジョーは柑橘類の売買を学びながら成長し、週末や学校が休みのときは父親と一緒に働き、やがて仕事を任された。それから何十年にもわたって、ジョー・シルヴィオは夜明け前（午前1時）から仕事を始め、オレンジやレモン、グレープフルーツやライムが詰まった箱の山に囲まれながら、あらゆる等級の果実の電話注文に応じている。

リスボンとユーレカは、米国、アルゼンチン、チリで栽培されるレモンのもっとも一般的な品種で、ふたつは非常によく似ているため、見分けられる人はほとんどいない。米国産レモンは、農務省によって定められた色や形の基準に応じて箱詰めされ、出荷される。第3級レモンは、傷はあるが果汁を取るには十分なもの。第2級レモンは、標準的なレモンの形をわずかに外れたものなど、目に見える小さな欠陥を除けばほぼ完璧なもの。そして第2級の倍の値段がつく第1級レモンは、大きくて色むらがなく、形が完璧で無傷のものである。

ジョー・シルヴィオは米国中のスーパーやレストラン納入業者からの注文に応じて、1箱約18キロのレモンを毎日1000箱近く売っており、その中には船でハワイへ出荷されるものもある。シルヴィオは他の柑橘類協同組合と同じく、サンキストからもレモンを仕入れる。なかにはチリからの輸入品もあるが、米国で売られている生のレモンのほとんどはカリフォルニア産である——少なくとも今は。

レモンにとって「とくに重要な世界市場」である米国には、チリやメキシコをはじめ、同国へ出荷できるすべての産地から輸入レモンが集まってくる。[3] 広大なレモン畑をもつアルゼンチンは、2012年現在、害虫や病気についての懸念から米国市場に参入できずにいたが、カナダへは出荷している。

レモンをめぐる状況は年や季節を追うごとに変化している。2010年以降、南アフリカが新しい種類の種なし（ユーレカ）レモンを売りはじめた一方、中国のレモン生産も増加しており、アジアの米国販売者にとっては「手ごわいライバル」になりつつある。だが、中国の市場が急成長しているのに対し、米国や日本での需要は不況のせいで落ち込んでしまった。伝統的に、サンキストの生レモンの6割から7割は米国のレストラン納入業者に売られている。そのため、レストランが苦しいとレモン業界も苦しくなる。

レモンを含めて、柑橘類はどの種類も病気に弱く、これは世界の供給に大きな影響を及ぼす恐れがある。1930年代から1950年代まで、スペイン語やポルトガル語で「悲しみ」を意味するトリステザというウイルス病が南米から世界中に蔓延し、約1億本の柑橘の果樹が枯れ、さらに何億本もの木に被害をもたらした。

そして現在は、カンキツグリーニング病（HLB）という別の致命的病害が世界中の柑橘作物を脅かしている。これは非常に感染力の強い細菌性の病気で、ミカンキジラミによって媒介され、果実の成熟を妨げ、やがて枯死《こし》させる。いったん感染した木を救う方法はなく、果実が不格好な形になり、しかも非常に苦いため生では売れず、ジュースに加工することもできない。HLBは柑橘類の病害の中でももっとも破壊的とされ、すでにフロリダやブラジル、中国で何万エーカーもの柑橘畑が壊滅させられた。カリフォルニアをはじめとする柑橘類の産地では、その蔓延が非常に危惧されている。

病害より一時的なものではあるが、柑橘類の供給は寒波などの天候にも影響を受ける。これは霜に弱いレモンにはとくに言えることだ。たとえば、2010年の夏、アルゼンチン産レモンの供給が凍害によって激減したため、カリフォルニアなどの他のレモン産地が世界中の需要に応えようと乗り出した。カリフォルニアのあるレモン栽培者はこう言っている――「農業ビジネスでは、いつもほかの誰かの不運が自分の幸運につながる」

## ◉レモンへの愛

産地にこだわらなければ、今はレモンがいつでも手に入る。そのため、私たちはしばしばレモンが手に入らなくなって初めて、そのありがたさに気づくのである。

19世紀初め、英国の聖職者シドニー・スミスは、ヨークシャーの自分の教区がいかに辺鄙《へんぴ》

1946年のこの広告には、2、3日おきに1ダース以上のレモンをしぼり、砂糖を加えて冷蔵庫で保存すれば、いつでも新鮮な「即席」レモネードが楽しめると書かれている。

な場所かを示すのに、「レモンひとつ買うのに20キロも歩かなければならない」と表現した。カリフォルニアのゴールドラッシュ時代には、一攫千金を狙う者たちが塩漬け牛肉と堅パンだけで生きていたため、多くが壊血病になり、レモン1個に1ドルもの金――現在の約20ドルに相当――を払った。

戦時中の英国では、1940年に始まった配給によってレモンがほとんど手に入らなくなり、人々はひどく不自由した。1941年、首相のウィンストン・チャーチルがフランクリン・D・ルーズベルトとニューファンドランド南岸の艦上で会談することになったとき、米国側は英国の一行をもてなすためにハムやワインのほか、果物、とくにレモンを出すように言われた。

レモンの最大の愛好者であるシェフや料理人は、レモンがないともっとも困るはずだ。2007年、冬の寒波によってカリフォルニアのレタスやアボカド、柑橘類といった多くの作物が壊滅したとき、米国のシェフたちはレモンがないと一番困ると言った。シェ・パニースのオーナーシェフ、アリス・ウォータースがかつて述べたように、レモンなしで料理することなど「考えられないこと」だった。

17世紀半ば以降、砂糖が手頃な値段で簡単に手に入るようになると、レモンはヨーロッパのデザート界の花形となった。英国人は濃厚なレモンカスタードが大好きで、これは当初「プディング」と呼ばれたが、のちに「レモンカード」と名づけられ、ジャムやパイの詰めものとして用いられた。

フランス人は、レモンの皮で風味づけした上品なレモンタルトやマドレーヌを作り、その香りはプルーストの『失われた時を求めて』にあるように、過去の記憶を呼び覚ますほど印象的だった。ドイツ人は、レモンタルトに黄金色のメレンゲの渦巻きをたっぷりとトッピングした。

米国人は、19世紀初めにレモンメレンゲ・パイを作るようになったが、のちにそのレシピをアレンジし、19世紀半ばに考案されたトウモロコシ粉（コーンスターチ）を使って、レモンの詰めものにとろみをつけた。他の果物のパイと違って、レモンメレンゲ・パイは缶詰製品に頼ることなく、どの季節でも作ることができ、高級レストランだけでなく、しばしば家庭の食卓や軽食堂でも出された。

レモン風味の料理やレモネードだけでなく、レモンのデザートはほかにも数えきれないほどあり、それらはみなレモンのきりりとした酸味を強調したものだ。しかし、レモンのもっとも頼りになるところは、じつは食材を陰から支える、そのひかえめな役割にある。レモンがあれば、熱を加えずに生の魚介類をマリネにすることができ、リンゴやアーティチョークが変色するのを防ぐことができ、自家製ジャムに「とろみをつける」ペクチンを加えること

レモンメレンゲ・パイ（奥左）、フレンチ・レモンタルト（手前）、シェーカー・レモンパイ（奥右）。これらは、レモンを主役にした無数のデザートのほんの一部である。

ができる。

レモン汁は、ぼんやりした味を引き締める万能調味料であり、そのさわやかな風味は甘ったるさだけでなく、魚の生臭さや鼻につく臭いを中和してくれる。南イタリアの人々は、野菜や魚、揚げ物、網焼きステーキにラム・チョップなど、ほとんどなんにでもレモン汁をかける。レモンとオリーブ油の組み合わせは、伝統的なサラダドレッシングやソース、マリネの漬け汁の定番である。そしてレモンの皮は、焼き菓子などのあらゆる料理に繊細な風味を与えてくれる。

レモンはめったに主役にはならないが、まわりのものすべてをよりさわやかに、より魅力的にする名脇役である。「それは季節を問わず、相手を選ばず、流行に左右されず、変わりやすい料理界の傾向にも影響されない作物である」と、アマンダ・ヘッサーは書いている。「上手であれ下手であれ、料理をする人なら誰もが使う果物だ」(4)

料理にかぎらず、レモンにはいつも人を元気にする力があり、その清々しい香りはきりりとした活力を与えてくれる。南フランスのプロヴァンスでは、レモンは太陽のエネルギーをもたらすと考えられている。(5)中世の医師たちがなぜ憂鬱症の患者にレモンの皮を処方したのかは、レモンの表面を引っ掻いて、その香りを吸い込んでみればすぐわかる。

チリの詩人パブロ・ネルーダは、「レモンの歌」の中でレモンを「奇跡の黄色いゴブレット」

には、ネルーダが称えたレモン――果実となった一筋の光――と呼んだ。21世紀に入っても、人々の古くからの愛情が宿っている。

# 謝辞

本書を書くにあたって、レモンのあらゆる側面を理解する助けとなった指導や支援、情報を与えてくださった多くの柑橘類専門家の方々に、この場を借りてお礼を申し上げたい。サティコイ・レモン協会のジョン・エリオット、果物愛好家のデーヴィッド・カープ、園芸専門家のランス・ワルハイム、そしてカリフォルニア大学リバーサイド校の柑橘類品種コレクションの管理者トレーシー・カーンと故ビル・ビターズには、とくに感謝したい。

柑橘類の歴史については、このテーマについて書く者が誰でもそうであるように、サミュエル・トルコウスキーの功績に負うところが大きい。彼の著書『ヘスペリデス――柑橘系果実の栽培と利用の歴史 *Hesperides: A History of the Culture and Use of Citrus Fruits*』（１９３８年）は、先の千年間に柑橘類について書かれ、観察されたことのすべてが包括された名著である。また、私のレモン栽培地への旅を支援してくれた方々にも心からお礼を述べたい。そうした旅のおかげで、私は書物から得るよりもはるかに多くのことを学ぶことができた。旅行助成金を出してくれたワットコム・コミュニティー・カレッジ、アーティスト・レジデンシー・プログラムを提供してくれたセントラム、シチリアの歴史や料理について楽しいレッスンをしてくれた非凡なるエレオノーラ・コンソリ、そしてシチリアに関する章の初期版を手伝ってくれたメアリー・テイラー・シメティには、とくに感謝したい。

レモンの栽培農家はもちろん、果樹園や作業場の案内を通して興味深い授業をしてくれたレモン関係のすべての方々にも深くお礼を申し上げたい。マイクとバーバラのフォスケット夫妻、マリオ・ディパオロ、ジョー・シルヴィオ、クレイグ・アームストロング、ゲーリー・ボール、ジョン・ボーチャード、ケン・ドーティ、ジム・フィンチ、リンク・レヴェンズ、ブローコー家、そしてリモネイラ・カンパニーには、とくにお世話になった。また、ボブとサリーのグレーザー夫妻との友情、そして彼らによる毎年のすばらしいレモン畑ツアーは、私にとって大切な思い出である。ジョンとシャーリーのカークパトリック夫妻との友情もありがたく、ふたりは宗教市場向けにシトロンを栽培することのむずかしさを教えてくれたばかりか、毎秋のユダヤの祝節に私にetrogを送ってくれる。

この長きにわたるレモン探究の旅を1冊の本にするにあたって、温かい励ましや助言を与えてくださった多くの方々に感謝の意を捧げたい。ポール・ウィルダーソン、成長した我が子ザックとアヴィーヴァ・スタイグマイヤー、サンキストのクレア・スミス、そしてリアクション・ブックスのアンディー・スミスとマイケル・リーマンには、とくに感謝したい。ともにレモンに強い関心をもち、ガルダ湖のレモンハウスを見るために曲がりくねった山岳トンネルを快く車で走ってくれたキャシー・ミハリクにも、お礼を述べたい。また、約10年にもわたる私のレモンへの執着を受け入れ、南カリフォルニアからシチリアまで、レモン畑の旅や取材に辛抱強く同行し、記者としての的確な目で私の無数の原稿を読み、さらに一生分といってもいいほどのレモン風味の料理を喜んで食べてくれたパートナーのスティーヴ・サンガーに心から感謝する。私がこのレモン・プロジェクトを継続できたのは、彼の支えがあったからこそである。

# 訳者あとがき

「もしこの世でひとつしか果物を選べないとしたら、私は迷わずレモンを選ぶ」――こんな引用で始まる本書は、英国の Reaktion Books から刊行されている The Edible Series の一冊として、２０１２年に出版された *Lemon : A Global History* の翻訳である。このシリーズはさまざまな食物の歴史を取り上げたユニークなもので、２０１０年には料理とワインに関する良書を選定するアンドレ・シモン賞の特別賞を受賞している。

本書の著者トビー・ゾンネマンは、米国のカレッジで教鞭を取るかたわら、10年にわたってレモンの歴史を研究し、カリフォルニアやシチリアといったレモン産地をたびたび訪れては、その風景や文化をみずからの目で確かめてきた。ユダヤ人である彼女にとって、レモンはその信仰とも深い関わりがあり、ユダヤの秋の収穫祭「仮庵《かりいお》の祭り」では、レモンの原種とされるシトロンが、神聖な儀式に欠かせない道具として今も大切にされている。本書はこうした宗教的側面のほか、料理や医学、芸術、栽培などのあらゆる視点からレモンの歴史をまとめた作品である。

そもそもインドやペルシアを原産とするレモンは、8世紀から9世紀にアラブ人によって地中海地域へ伝えられた。今でこそ、年中いつでも手に入るレモンだが、寒冷なヨーロッパ北部では、もともと金持ちにしか買えない異国の貴重品であり、当時のオランダの静物画に描かれたレモンはまさに富の象徴だった。

だが17世紀半ば以降、レモンは砂糖とともに広く庶民の手にも届くようになり、街にレモネード売りが登場した。とくに米国では、独立後に高まった禁酒運動の影響により、レモネードが酒に代わる健全な飲み物として支持され、やがて「夏のくつろぎ」の象徴として、人々の暮らしに定着した。

一方、レモンを使った料理のレシピが初めて文献に登場したのは12世紀で、それはイブン・ジュメイというエジプトの医師によって書かれた論文だった。塩漬けレモンをはじめ、レモンの料理は各地でさまざまに発展し、のちに焼き菓子などのデザートにも使われるようになった（レシピの一部が巻末に掲載されている）。また、天然ビタミンCの宝庫であるレモンは、壊血病の特効薬としても重要な役割を果たし、大航海時代以降、多くの船乗りの命を救ってきた。

しかし、土地開発にともなうレモン畑の伐採や病害、異常気象、新興市場の台頭など、レモンを取り巻く環境はつねに変化している。手間と時間のかかるレモンを捨て、より手軽な作物へ転換する農家も少なくない。だが、地中海を見下ろすイタリアのアマルフィ海岸では、今も伝統的なレモン栽培が受け継がれている。どんなに時代が変わっても、レモンは世界中の人々の暮らしの中に生き続け、愛され続けるはずだ。

さて、「もしこの世でひとつしか果物を選べないとしたら……」という冒頭の問いかけに、読者の皆さんはどう答えるだろうか。訳者の私は、「迷わずミカンを選ぶ」。ミカンは手で簡単に皮がむけるので、お皿もナイフもいらないし、なによりあの甘酸っぱい果汁は喉に心地よいばかりか、日本の「冬のくつろぎ」の象徴として、温かい懐かしさを感じさせてくれる。一方、レモンはミカンと同じ柑橘類とはいえ、やはりこうした親近感には欠ける。というのも、レモンはミカンのようにそれ自体を口に入れて味わう果物ではなく（シチリア人はレモンに皮ごとかぶりつくようだが）、肉や魚、野菜、お茶やお菓子などに加えて、間接的にその風味を楽しむ果物だからである。しかし、レモンの果汁や皮は、合わせる相手のよいところをうまく、さりげなく引き出してくれる。つまりレモンは「めったに主役にはならないが、まわりのものすべてをよりさわやかに、より魅力的にする名脇役」なのである。そんなレモンのすっきりとした酸味は、万能調味料としてあらゆる料理に用いられ、この出番の多さに関して、ミカンに勝ち目はない。

さらに、レモンが刺激するのは私たちの味覚だけではない。みなさんは「プルースト現象」というものをご存じだろうか。これはある特定の香りによって過去の記憶が呼び覚まされる心理現象で、フランスの作家マルセル・プルーストの小説『失われた時を求めて』に由来している。大人になった主人公がある日、マドレーヌをお茶に浸した瞬間、その香りから幼少期の記憶をよみがえらせる。このいかにも優雅でロマンティックな場面には、じつはレモンが関係している。本書にもあるように、マドレーヌはレモンの皮で香りづけされていた。となると、主人公の記憶を刺激したのはレモンの香りだったのではないか。実際、レモンの香りは昔から人々をさまざまな記憶や想像の世界へ誘ってきた。ギリシアの哲学者で植物学の祖であるテオフラストスが「得も言われぬ香り」と評した芳香は、かつてアラブ人にコーランの「楽園」を連想させ、シチリア人を「天国の片隅にいるような気分」にさせた。フランスでは、「レモンの香水は他のすべての香水に勝る」とされた。香りの豊かさにおいて、バラが花の世界の女王だとすれば、レモンは果物の世界の女王なのである。

本書の翻訳を始めるまえ、レモンというこの小さな黄色い果実の向こうに、これほど奥深い歴史が広がっているとは思いもしなかった。今度、店先でレモンを手に取ったら、皆さんもぜひその遠い記憶に思いを馳せてみてほしい。

最後に、本書の刊行にあたっては、編集の労をとってくださった原書房の中村剛さん、ならびに翻訳のご縁をくださったオフィス・スズキの鈴木由紀子さんに、心からお礼を申し上げます。

２０１４年10月

高尾菜つこ

# 写真ならびに図版への謝辞

著者と出版社より，図版の提供と掲載を許可してくれた次の関係者にお礼を申し上げる。

Archbishop chateau in Krom íž, Czech Republic: pp. 15, 61, 64, 67, 68, 69, 70, 72; © Trustees of the British Museum: pp. 33, 91, 100; Comune di Limone sul Garda, Italy: pp. 74, 77; Goleta Valley Historical Society: p. 140; Istockphoto: p. 6 (Ekspansio); Library of Congress: pp. 40, 46; Limoneira Company: pp. 119, 138; Cathy Mihalik, p. 108; National Agricultural Library, Special Collections: p. 134; National Library of Medicine, Bethesda, Maryland: p. 82; Polo Museale, Florence: p. 59; Reading Public Museum, Reading, Pennsylvania: p. 103; Rijksmuseum, Amsterdam: p. 54; S. Jim Campos Collection: pp. 118, 121, 122, 123; Nicolas Sartore, photographer, Office de Tourisme Menton (www.flickr.com/photos/tourisme-menton), p. 149; Sunkist Growers: pp. 112, 124, 125, 128, 156; Victoria & Albert Museum, London: pp. 18, 21, 52.

Wright, Clifford, *A Mediterranean Feast: The Story of the Birth of the Celebrated Cuisines of the Mediterranean, from the Merchants of Venice to the Barbary Corsairs* (New York, 1999)

カーペンター，ケニス・J.『壊血病とビタミンCの歴史――「権威主義」と「思いこみ」の科学史』（北村二朗・川上倫子訳，北海道大学図書刊行会，1998年）
バウン，スティーブン・R.『壊血病――医学の謎に挑んだ男たち』（中村哲也監修，小林政子訳，国書刊行会，2014年）
ラスロー，ピエール『柑橘類（シトラス）の文化史――歴史と人とのかかわり』（寺町朋子訳，一灯舎，2010年）

# 参考文献

Belknap, Michael R., 'The Era of the Lemon: A History of Santa Paula, California', *California Historical Society Quarterly*, XLVII (San Francisco, CA, 1968)

Cunningham, Isabel Shipley, *Frank N. Meyer: Plant Hunter in Asia* (Ames, IA, 1984)

David, Elizabeth, *Harvest of the Cold Months: The Social History of Ice and Ices* (New York, 1994)

Isaac, Eric, and Rael Isaac, 'A Goodly Tree: Sacred and Profane History', *Commentary Magazine* (October 1958), pp. 300–7

Lillard, Richard G., 'Agricultural Statesman: Charles C. Teague of Santa Paula', *California History* (March 1986)

McWilliams, Carey, *Southern California Country: An Island on the Land* (New York, 1946)

McPhee, John, *Oranges* (New York, 1966)

Merlo, Catherine, *Heritage of Gold: The First 100 Years of Sunkist Growers, Inc., 1893–1993* (Los Angeles, CA, 1993)

Norwich, John Julius, *The Normans in Sicily: The Normans in the South, 1016–1130, and the Kingdom in the Sun, 1130–1194* (London, 1992)

Reuther, Walter, Herbert John Webber and Leon Dexter Batchelor, *The Citrus Industry*, vol. I (Berkeley, CA, 1967) http://library.ucr.edu にてオンラインで閲覧可能。

Simeti, Mary Taylor, *Pomp and Sustenance: Twenty-five Centuries of Sicilian Food* (New York, 1990)

Smith, Dennis Mack, *A History of Sicily: Medieval Sicily, 800–1713* (New York, 1968)

Sonneman, Toby, 'The Saga of the Citron', *Reform Judaism Magazine* (Fall 2003)

Teague, Charles Collins, *Fifty Years a Rancher* (Los Angeles, CA, 1944)

Tolkowsky, Samuel, *Hesperides: A History of the Culture and Use of Citrus Fruits* (London, 1938)

Visser, Margaret, *Much Depends on Dinner: The Extraordinary Allure and Obsessions, Perils and Taboos of an Ordinary Meal* (New York, 1986)

Watson, Andrew M., 'The Arab Agricultural Revolution and Its Diffusion, 700–1100', *Journal of Economic History* (March 1974), pp. 8–35

Woods, May, and Arete Warren, Glass Houses: *A History of Greenhouses, Orangeries and Conservatories* (New York, 1988)

# レシピ集

## レモンを使った料理のコツ

◉分量の目安

・レモン 中4個＝果汁 約1カップ(240*ml*)

・レモン 中1個＝すり下ろした皮 約大さじ1

◉レモン汁について

・レモンは室温以上にしておく。

・手のひらでレモンを押さえるように転がすと，内部の膜が破れて果汁が出やすくなる。

◉調理について

・レモン汁には耐酸性の調理器具を使い，アルミ製やコーティングされていない鋳鉄，銅製は避ける。

・レモン汁は，ビタミンCが失われないように料理の最後に加える。

・レモン汁は肉を柔らかくするので，マリネの漬け汁には最適。

・しなびたレタスや古い野菜は，小さじ1のレモン汁を入れた冷水に30分浸すと，ハリが戻る。

・レモン汁は，果物やアーティチョークが酸化して茶色くなるのも防ぐことができる。

◉レモンの皮について

・皮を使う場合は，ワックスの塗られていないレモンかオーガニックのレモンを使う。あるいは，1分ほど熱湯をくぐらせてワックスを落とし，表面をよく洗ってからすり下ろす。

・おろし金タイプを使うと，皮が細かくすり下ろされ，皮むき器タイプを使うと，より長い糸状にすり下ろされる。

・表面の黄色い皮だけをすり下ろし，その下の白い綿状の部分はすり下ろさないように注意する。

◉果汁と皮の保存について

・レモン汁は小さな容器か製氷皿に入れて冷凍し，そのままレモネードに加えたり，解凍して料理に使ったりできる。

・レモンの皮も，小分けしてラップかアルミホイルに包んで冷凍できる。

・焼き菓子用にレモンシュガーを作る場合は，レモンの皮を砂糖の瓶に入れておく。

---

## 伝統的なレシピ

◉プリザーヴド・レモン（塩漬けレモン）

サミュエル・トルコウスキーの『ヘスペリデス――柑橘系果実の栽培と利用の歴史 *Hesperides: A History of the Culture and Use of Citrus Fruits*』(ロ

ンドン,1938年)に転載されたイブン・ジュメイの『レモンについて,その飲料と利用法 *On Lemon, Its Drinking and Use*』(12世紀)より。

1. 鮮やかな黄色の完熟したレモンを選ぶ。
2. 切り込みを入れ,その部分に塩をたっぷり詰める。
3. これを口の大きなガラス容器に入れ,全体が浸るまでレモン汁を注ぐ。
4. 容器に蓋をし,ろうで封をして,2週間ほど日の当たる場所に置く。
5. その後,少なくとも40日間は保存する。さらに長く待てば,味や香りがいっそうよくなり,より食欲がそそられる。

◉レモンプディング

ハンナ・グラスの『簡単で手軽な料理法 *The Art of Cookery Made Plain and Easy*』(1747年)より。

18世紀半ばにヨーロッパの料理本に登場したレモンプディングにはさまざまなバリエーションがあり,レモンパイの先駆けともなった。「ナポリビスケット」とは,レディーフィンガーに似た小さなスポンジケーキのこと。

1. よく洗ったレモン2個の皮をすり下ろす。
2. ナポリビスケット2枚をすり下ろし,1と混ぜる。
3. 白砂糖340*g*,卵黄12個と卵白6個,溶かしバター340*g*,濃厚クリーム285*ml*を加え,よく混ぜ合わせる。
4. 皿にパイ生地を敷き,3を流し入れ,1時間焼く。

◉シェーカー・レモンパイ

レモンを砂糖となじませる時間が必要なので,このパイは食べたい日の前日から準備を始める。皮の薄いマイヤーレモンなら,普通のレモンより早くなじむ。

パイ生地…直径20*cm*の生地2枚分(冷蔵)
レモン…大2個もしくは小4個(マイヤーか普通のレモン)
砂糖…1¾カップ(275*g*)
塩…小さじ¼
卵…4個
溶かしバター…大さじ4
中力粉…大さじ3

(フィリング)
1. レモンをよく洗い,1分ほど熱湯をくぐらせてから,水気を切って乾かす。
2. レモンの端を切り落とし,ごく薄くスライスして,種を取る。
3. 2をボウルに入れ,砂糖と塩で和える。
4. 布をかけ,室温で24時間以上置く。

(パイ生地)
1. パイ生地の半分を伸ばして直径30*cm*の円形にする。

2. 1を直径20cmのパイ皿に敷き，はみ出した部分を1.5cm残して縁をカットし，冷蔵庫で30分寝かせる。
3. オーブンを220℃に予熱する。

（卵液）
1. 卵を泡立て，溶かしバターを少しずつ入れながら混ぜる。
2. 1を半カップ取り分け，それに小麦粉を加え，なめらかになるまでかき混ぜる。
3. 2を残りの卵液に戻し入れ，砂糖となじませたレモンに加える。
4. 用意したパイ皿に流し入れる。

（仕上げ）
1. 残り半分のパイ生地を伸ばして直径30cmの円形にする。
2. フィリングの上にかぶせ，はみ出した部分を2.5cm残して縁をカットする。
3. はみ出した部分を下のパイ生地に折り込み，端を押さえて封じ，波形をつける。
4. 生地の表面に蒸気抜きの切り込みを入れ，25分焼く。
5. オーブンの温度を180℃に下げ，表面に焼き色がつくまでさらに20～25分焼く。
6. 金網ラックに置いて冷まし，室温で出す。

## レモン風味の定番

### ◉アヴゴレモノ——ギリシアの卵とレモンのスープ

このギリシアのスープは中東や北アフリカの一部でも親しまれている。

チキンスープ…4カップ（900ml）
生の白米…⅓カップ（65g）
卵…2個
レモン汁…¼カップ（50ml）
好みで塩，コショウ，赤トウガラシ

1. 大きめの片手鍋にスープを入れて沸騰させ，米を加える。
2. 米にしっかり火が通るまで，約17分煮込む。
3. 中くらいのボウルに卵とレモン汁を入れ，なめらかになるまで混ぜる。
4. 2のスープを半カップすくって3に加え，絶えずかき混ぜる。
5. 4を残りのスープに少しずつ戻し入れ，絶えずかき混ぜる。
6. スープが不透明になり，ややとろみが出るまで弱火で混ぜながら煮込む。（沸騰させると卵が固まってしまうので注意）
7. 好みで塩，コショウ，赤トウガラシを加える。
8. 刻んだパセリや生のミント，レモンの薄切りを添えて温かいうちに出す。

◉ニンニクとレモンのじっくりローストチキン

昔ながらのローストチキンでは，中をくり抜いた鶏肉に，果汁が出るようにフォークで穴を開けたレモンを1，2個詰める。このレシピでは，皮ごとカットしたレモンを鶏肉の切り身に添えて，2時間半ローストする。種抜きのグリーンオリーブを1カップ（180g）加えるとモロッコ風になる。

（約4人分）
皮を取り除いた鶏の骨なしモモ肉…900g
ニンニク…1個（数片）
マイヤーレモン大もしくは普通のレモン…2個
オリーブ油…大さじ3
生のタイムかローズマリー…大さじ1～2
塩・コショウ
白ワイン…$\frac{3}{4}$カップ（150ml）
レモン汁…$\frac{1}{4}$カップ（50ml）

1．鶏肉をダッチオーブンかキャセロール鍋に入れ，ニンニク数片と生のタイムかローズマリー，さらに縦半分に切ってスライスし，種を取り除いたレモン2個を加える。
2．鶏肉に塩・コショウをし，オリーブ油を全体に行きわたるようにかける。
3．白ワインを注ぎ，蓋をするか，アルミホイルで覆う。
4．予熱しておいたオーブンに入れ，150℃で2時間焼く。
5．オーブンを200℃に上げ，レモン汁を加えて，さらに15～20分焼く。
6．ご飯やポテト，パスタに盛って出す。

…………………………………………

◉レモンとバジルのリングイネ

バジルの代わりにローズマリーなどの他のハーブを使ってもいいし，きざんだニンニクと炒めた青野菜（ケールやチャードなど）を添えてもいい。チーズと同時にケーパー大さじ1を加えるのもいい。

（2人分）
リングイネ…225g
すり下ろしたレモンの皮…大さじ1
レモン汁…$\frac{1}{4}$カップ（50ml）
オリーブ油…$\frac{1}{4}$カップ（50ml）
すり下ろしたパルミジャーノかペコリーノ・チーズ…$\frac{1}{4}$～$\frac{1}{2}$カップ（25～50g）
小さくちぎったバジル…ひとつかみ
塩・コショウ

1．深鍋に塩水を入れて沸騰させ，リングイネをアルデンテに茹でる（7～8分）。
2．小さな平鍋にオリーブ油，レモン汁，レモンの皮を入れてゆっくりと温め，乳化するまでかき混ぜる。
3．2にちぎったバジルとチーズを加え，さらにかき混ぜる。
4．好みで塩・コショウを加える。
5．リングイネを湯切りし，ソースを均等にからめて，温かいうちに出す。

## レモンの飲みもの，デザート，マーマレード

### ◉レモンの皮のレモネード

シンプルなレモネードでは，水を入れたグラスかピッチャーに砂糖を加えて混ぜ，好みに応じてしぼりたてのレモン汁を加える。このレシピでは，レモンの皮の風味も引き出される。

砂糖…1カップ（200g）
水…3カップ（675ml）
レモン汁…1カップ（225ml）
レモン…1個（丸ごと薄くスライスする）

1. レモン汁をしぼり，残った皮を取っておく。
2. 片手鍋に水2カップ（450ml）と砂糖を入れて沸騰させ，砂糖が溶けるまで混ぜる。
3. 鍋を火から下ろし，先ほどのレモンの皮を加え，蓋をして20分置く。
4. 皮を取り出し，最後の一滴まで鍋に汁をしぼり入れる。
5. 4をピッチャーに注ぎ，残りの水とレモン汁，レモンのスライスを加える。
6. 味を見て，好みに応じて水を足す。（ただし，レモネードが氷で薄まることを忘れずに）
7. よく冷やし，角氷の入ったグラスに注いで，それぞれにレモンのスライスを添えて出す。

レモネードにフレーバーをつけるには，ミントやローズマリー，ショウガの薄切りを入れたり，少量のローズウォーターを加えたり，アプリコットやマンゴーのネクター，スイカのピューレやベリー類を混ぜたりする。好みの果物やハーブ，香辛料を組み合わせてもいい。

### ◉レモンカード

これは誰にもできる確実な作り方である——絶えずかき混ぜ，沸騰させないかぎり。

砂糖…¾～1カップ（150～200g）（好みの酸味や甘みに合わせて）
柔らかくしたバター…大さじ6
卵…大2個
卵黄…大2個
しぼりたてのレモン汁…⅔カップ（150ml）
すり下ろしたレモンの皮…大さじ1

1. 砂糖とバターをなめらかなクリーム状になるまでハンドミキサーで混ぜる。
2. 卵と卵黄を加えてさらに混ぜ，レモン汁を加える。（凝固したように見えるが，加熱すれば戻るので心配無用）
3. 2を中くらいの片手鍋に入れ，やや弱火にかけ，沸騰させないように絶えずかき混ぜる。
4. とろみが出るまで——木べらですくえるくらいに——約15～20分煮込む。
5. 鍋を火から下ろし，レモンの皮を加えて混ぜる。

6. 皮膜ができないようにたまに混ぜながら，冷ます。
7. 使うときまで密閉容器に入れて冷蔵する。

◉フレンチ・レモンタルト

このレシピは生地をタルト皿に伸ばすだけの手軽なもので，フィリングには先に紹介したレモンカードを使う。フィリングを多めにしたい場合は，カードのレシピを倍にする。

溶かして冷ました無塩バター…大さじ8
バニラエッセンス…小さじ 1/4 ＋小さじ 1/8
すり下ろしたレモンの皮…大さじ1
粉砂糖… 1/4 カップ（50*g*）
塩…ひとつまみ
中力粉…1 1/4 カップ（175*g*）＋大さじ1

1. オーブンを180℃に予熱する。
2. 直径約23*cm*のタルト皿の底と側面にバターを塗る。
3. 中くらいのボウルにバター，バニラエッセンス，砂糖，塩を入れて混ぜる。
4. 3に小麦粉を加え，なめらかで柔らかい生地を作る。
5. 生地をタルト皿の中央に置き，底と側面にむらなく伸ばす。
6. タルト皿をオーブンの中央に置き，生地が固まり，ほんのり焼き色がつくまで12～15分焼く。
7. オーブンからタルトを取り出し，フィリングを入れるまで少なくとも10分は冷ます。
8. タルトにレモンカードを流し入れ，170℃に予熱したオーブンの中央に置いて15分焼く。
9. オーブンから取り出し，金網ラックに置いて冷ます。
10. しっかり冷蔵してから出す。

◉マイヤーレモン・マーマレード

マイヤーレモン…中6個（約680*g*）
水…4カップ（900*ml*）
砂糖…4カップ（800*g*）

1. レモンを横半分にカットし，種を取り除く。
2. 種を正方形の二重ガーゼに包み，袋にして口をひもで結ぶ。
3. 半分にカットしたレモンをそれぞれ4等分し，薄くスライスする。
4. レモンと種の袋を水と一緒に5リットルの耐酸性の深鍋に入れ，蓋をして，室温で24時間置く。
5. 鍋を中火にかけ，沸騰したら火を弱める。
6. 全量が4カップ（900*ml*）になるまで，蓋をせずに約45分煮る。
7. 砂糖を加えて混ぜ，中火で沸騰させる。
8. たまにかき混ぜ，泡をすくい取りながら，約30分煮詰める。
9. 冷やした皿に7を小さじ1落とし，ゲル状になったら（あるいは100℃に達したら）火から下ろす。

10. 熱いうちにマーマレードを煮沸消毒した瓶に入れ，口から0.5*cm*以内のところまで詰める。
11. あとは一般的なジャムの瓶詰めの方法で瓶に詰める。

マーマレードは冷暗所で数か月から1年まで保存できる。ただし，とてもおいしいので，そんなに長く残っている可能性は低い。

このほかのレシピについては著者のウェブサイトを参照。
http://tobysonneman.wordpress.com

# 注

## 第１章　起源と執着

(1)　Larry Luxner, 'Sweet Mystery', *Americas*, XLV/2 (1993), pp. 2-3.

(2)　Samuel Tolkowsky, *Hesperides: A History of the Culture and Use of Citrus Fruits* (London, 1938), p. 19.

(3)　Alan Davidson, *The Oxford Companion to Food* (Oxford, 1999), p. 187.

(4)　Eric Isaac and Rael Isaac, 'A Goodly Tree: Sacred and Profane History', *Commentary Magazine* (October 1958), pp. 300-7.

(5)　Sholom Aleichem, 'The Esrog', in *Holiday Tales of Sholom Aleichem*, selected and trans. Aliza Shevrin (New York, 1979), p. 76.

(6)　Michael Strassfeld, *The Jewish Holidays: A Guide and Commentary* (New York, 1985), p. 131.

(7)　Isaac and Isaac, 'A Goodly Tree', p. 307.

## 第２章　シチリア――地中海のアラブ

(1)　Andrew M. Watson, 'The Arab Agricultural Revolution and its Diffusion, 700-1100', *Journal of Economic History* (March 1974), pp. 8-35.

(2)　Clifford Wright, *Cucina Paradiso: The Heavenly Food of Sicily* (New York, 1992), p. 76. シチリア人のレモンへの愛情については Mary Taylor Simeti, *Pomp and Sustenance: Twenty-five Centuries of Sicilian Food* (New York, 1990), p. 63. も参照。

(3)　Charles Perry, trans., *A Baghdad Cookery Book* (London, 2005), pp. 37-8.

(4)　S. D. Goitein, *A Mediterranean Society: The Jewish Communities of the Arab World as Portrayed in the Documents of the Cairo Geniza*, vol. IV (Berkeley, CA, 1967), pp. 230-31.

(5)　Wright, *Cucina Paradiso*, p. 145.

(6)　コンソリはシチリア料理についての全２巻の名著 *Sicilia: Cucina del Sole* (Catania, 1986) の著者であり，シチリアのヴィアグランデで「クチーナ・デル・ソーレ」という料理学校を運営している。

(7)　くわしくは Elizabeth David, *Harvest of the Cold Months: The Social History of Ice and Ices* (New York, 1994).

(8)　Samuel Tolkowsky, *Hesperides: A History of the Culture and Use of Citrus Fruits* (Lon-

don, 1938), p. 134.

(9) Charles Perry, 'Preserved Lemons', *Petits Propos Culinaires*, 50 (August 1995), p. 23 and 'Sleeping Beauties', *Los Angeles Times*, 30 March 1995, p. 19.

(10) Tolkowsky, *Hesperides*, p. 133. において引用。

## 第３章　異国の貴重品

(1) Ivan Day, 'The Art of Confectionery' (1993), at www.historicfood.com.

(2) Alan Davidson, *The Oxford Companion to Food* (Oxford, 1999), p. 449.

(3) ゲーテ『イタリア紀行 上』(相良守峯訳, 岩波書店, 2001 年) より引用。

## 第４章　レモンの栄養学

(1) スティーブン・R・バウン『壊血病——医学の謎に挑んだ男たち』(中村哲也監修, 小林政子訳, 国書刊行会, 2014 年)

(2) 同前

(3) ケニス・J・カーペンター『壊血病とビタミン C の歴史 :「権威主義」と「思いこみ」の科学史』(北村二朗・川上倫子訳, 北海道大学図書刊行会, 1998 年)

(4) ひとつの例外がランカスターによる 1601 年のレモン汁の実験で, その果汁は秘密の手法で保存されたという。

## 第５章　レモネード

(1) S. D. Goitein, *A Mediterranean Society: The Jewish Communities of the Arab World as Portrayed in the Documents of the Cairo Geniza*, vol. I (Berkeley, CA, 1967), p. 420.

(2) Catherine Merlo, *Heritage of Gold: The First 100 Years of Sunkist Growers, Inc., 1893-1993* (Sherman Oaks, CA, 1993), p. 31.

## 第６章　夢のカリフォルニア

(1) G. W. Garcelon, *Citrus Fruits: Fifteen Years with the Lemon* (Sacramento, CA, 1891), p. 6.

(2) Edward James Wickson, *The California Fruits and How to Grow Them* (San Francisco, CA, 1889), p. 457.

(3) Richard G. Lillard, 'Agricultural Statesman: Charles C. Teague of Santa Paula', *California History* (March 1986), p. 5. において引用。

(4) Charles Collins Teague, *10 Talks on Citrus Marketing: A Series of Radio Broadcasts* (Los

Angeles, CA, 1939).
(5) 同前
(6) Lillard, 'Agricultural Statesman', p. 16.
(7) David Fairchild, *The World Was My Garden: Travels of a Plant Explorer* (New York, 1941), p. 315.
(8) Isabel Shipley Cunningham, *Frank N. Meyer: Plant Hunter in Asia* (Ames, IA, 1984), p. 129. において引用。
(9) Carey McWilliams, *Southern California Country: An Island on the Land* (New York, 1946), pp. 89-90.
(10) Charles Collins Teague, *Fifty Years a Rancher* (Los Angeles, CA, 1944), p. 148.
(11) Federal Writers Project, *California: A Guide to the Golden State* (New York, 1939), p. 393.

## 第７章　家庭で，そして世界で

(1) Charles Perry, 'Taste of a Thousand Lemons', *Los Angeles Times*, 8 September 2004.
(2) Samuel Tolkowsky, *Hesperides: A History of the Culture and Use of Citrus Fruits* (London, 1938), p. 280. において引用。
(3) サティコイ・レモン協会の事業開発マネージャー，ジョン・エリオット氏へのＥメールによるインタビュー（2010 年 10 月 21 日および 2012 年 3 月 2 日）。同氏はこの段落と次の段落における引用と情報を提供してくれた。
(4) Amanda Hesser, 'Citrus Maximus', *New York Times Magazine*, 6 November 2005, pp. 95-6.
(5) Patricia Wells, *Patricia Wells at Home in Provence* (New York, 1996), p. 297.

トビー・ゾンネマン（Toby Sonneman）
シカゴ出身の作家。現在はワシントン州ベリンガムのワットカム・コミュニティー・カレッジでジャーナリズムを教える一方，カリフォルニアやイタリアのレモン産地をたびたび訪れている。著書に *Fruit Fields in My Blood: Okie Migrants in the West* (1992)，*Shared Sorrows: A Gypsy Family Remembers the Holocaust* (2002) がある。

高尾菜つこ（たかお・なつこ）
1973 年生まれ。翻訳家。南山大学外国語学部英米科卒業。訳書に『新しい自分をつくる本』，『バカをつくる学校』（以上，成甲書房），『アメリカのイスラエル・パワー』，『「帝国アメリカ」の真の支配者は誰か』（以上，三交社）のほか，『図説 イギリス王室史』，『図説 ローマ教皇史』，『図説 アメリカ大統領』，『図説 砂漠と人間の歴史』（以上，原書房）がある。

「食《しょく》」の図書館《としょかん》

# レモンの歴史《れきし》

●

2014年11月27日　第1刷

著者……………トビー・ゾンネマン
訳者……………高尾菜《たかおな》つこ
装幀……………佐々木正見
発行者……………成瀬雅人
発行所……………株式会社原書房

〒160-0022 東京都新宿区新宿1-25-13
電話・代表03(3354)0685
振替・00150-6-151594
http://www.harashobo.co.jp

本文組版……………有限会社一企画
印刷……………シナノ印刷株式会社
製本……………東京美術紙工協業組合



ISBN 978-4-562-05111-3, Printed in Japan

## パンの歴史　《「食」の図書館》

ウィリアム・ルーベル／堤理華訳

変幻自在のパンの中には、よりよい食と暮らしを追い求めてきた人類の歴史がつまっている。多くのカラー図版とともに読み解く人とパンの６千年の物語。世界中のパンで作るレシピ付。　２０００円

## カレーの歴史　《「食」の図書館》

コリーン・テイラー・セン／竹田円訳

「グローバル」という形容詞がふさわしいカレー。インド、イギリス、ヨーロッパ、南北アメリカ、アフリカ、アジア、日本など、世界中のカレーの歴史について豊富なカラー図版とともに楽しく読み解く。　２０００円

## キノコの歴史　《「食」の図書館》

シンシア・D・バーテルセン／関根光宏訳

「神の食べもの」か「悪魔の食べもの」か？　キノコ自体の平易な解説はもちろん、採集・食べ方・保存、毒殺と中毒、宗教と幻覚、現代のキノコ産業についてまで述べた、キノコと人間の文化の歴史。　２０００円

## お茶の歴史　《「食」の図書館》

ヘレン・サベリ／竹田円訳

中国、イギリス、インドの緑茶や紅茶のみならず、中央アジア、ロシア、トルコ、アフリカまで言及した、まさに「お茶の世界史」。日本茶、プラントハンター、ティーバッグ誕生秘話など、楽しい話題満載。　２０００円

## スパイスの歴史　《「食」の図書館》

フレッド・ツァラ／竹田円訳

シナモン、コショウ、トウガラシなど５つの最重要スパイスに注目し、古代〜大航海時代〜現代まで、食はもちろん経済、戦争、科学など、世界を動かす原動力としてのスパイスのドラマチックな歴史を描く。　２０００円

**（価格は税別）**

図説 朝食の歴史

アンドリュー・ドルビー／大山晶訳

世界中の朝食に関して書かれたものを収集し、朝食の歴史と人間が織りなす物語を読み解く。面白く、ためになり、おなかがすくこと請け合い。朝食は一日の中で最上の食事だということを納得させてくれる。　２８００円

フランス料理の歴史

マグロンヌ・トゥーサン＝サマ／太田佐絵子訳

遥か中世の都市市民が生んだこの料理が、どのようにして今の姿になったのか？　食文化史の第一人者が食と市民生活の歴史を辿り、文化としての料理が誕生するまでの過程を描く。中世以来の貴重なレシピ付。　３２００円

美食の歴史２０００年

パトリス・ジェリネ／北村陽子訳

古代から未知なる食物を求めて、世界中を旅してきた人類。食は我々の習慣、生活様式を大きく変化させ、戦争の原因にもなった。様々な食材の古代から現代までの変遷や、芸術へと磨き上げた人々の歴史。　２８００円

シャーロック・ホームズと見る ヴィクトリア朝英国の食卓と生活

関矢悦子

目玉焼きじゃないハムエッグや定番の燻製ニシン、各種お茶にアルコールの数々、面倒な結婚手続きや使用人事情、やっぱり揉めてる遺産相続まで、あの時代の市民生活をホームズ物語とともに調べてみました。　２４００円

図説 中国 食の文化誌

王仁湘／鈴木博訳

歴史にのこるさまざまな資料を収集し、中国の飲食文化とはいかなるものであったかを簡潔に解き明かした、第一人者による名著。多くの貴重な図版で当時の食器や饗宴の様子、作法が一目でわかる。　４８００円

（価格は税別）

## ルネサンス 料理の饗宴 ダ・ヴィンチの厨房から

デイヴ・デ・ウィット／富岡由美、須川綾子訳

ダ・ヴィンチの手稿を中心に、ルネサンス期イタリアの食材・レシピ・料理人から調理器具まで、料理の歴史と発展をさまざまなエピソードとともに綴る。大転換期となったルネサンスの「味」と「食文化」。　２４００円

## ワインの世界史 海を渡ったワインの秘密

ジャン＝ロベール・ピット／幸田礼雅訳

聖書の物語、詩人・知識人の含蓄のある言葉、またワイン文化にはイギリスが深く関わっているなどの興味深い挿話をまじえながら、世界中に広がるワインの魅力と歴史を描く。ワインの道をたどる壮大な物語。　３２００円

## ワインを楽しむ58のアロマガイド

ミカエル・モワッセフほか／剣持春夫監修、松永りえ訳

ワインの特徴である香り58種類を丁寧に解説。通常はブドウの品種、産地へと辿るが、本書ではグラスに注いだ香りから、ルーツ探しがスタートする。香りの基礎知識や嗅覚、ワイン醸造なども網羅した必読書。　２２００円

## パスタの歴史

S・セルヴェンティほか／飯塚茂雄、小矢島聡＝監修、清水由貴子訳

古今東西の食卓で親しまれている、小麦粉を使った食品「パスタ」。イタリアパスタの歴史をたどりながら、工場生産された乾燥パスタと、生パスタである中国麺を比較し、「世界食」の文化を掘り下げていく。　３８００円

## 紅茶スパイ 英国人プラントハンター中国をゆく

サラ・ローズ／築地誠子訳

19世紀、中国がひた隠しにしてきた茶の製法とタネを入手するため、凄腕プラントハンターが中国奥地に潜入。激動の時代を背景に、ミステリアスな紅茶の歴史を描いた、面白さ抜群の歴史ノンフィクション！　２４００円

（価格は税別）

## ケーキの歴史物語《お菓子の図書館》

ニコラ・ハンブル／堤理華訳

ケーキって一体なに？ いつ頃どこで生まれた？ フランスは豪華でイギリスは地味なのはなぜ？ 始まり、作り方と食べ方の変遷、文化や社会との意外な関係など、実は奥深いケーキの歴史を楽しく説き明かす。

２０００円

## アイスクリームの歴史物語《お菓子の図書館》

ローラ・ワイス／竹田円訳

アイスクリームの歴史は、多くの努力といくつかの素敵な偶然で出来ている。「超ぜいたく品」から大量消費社会に至るまで、コーンの誕生と影響力など、誰も知らないトリビアが盛りだくさんの楽しい本。

２０００円

## チョコレートの歴史物語《お菓子の図書館》

サラ・モス、アレクサンダー・バデノック／堤理華訳

マヤ、アステカなどのメソアメリカで「神への捧げ物」だったカカオが、世界中を魅了するチョコレートになるまでの激動の歴史。原産地搾取という「負」の歴史、企業のイメージ戦略などについても言及。

２０００円

## パイの歴史物語《お菓子の図書館》

ジャネット・クラークソン／竹田円訳

サクサクのパイは、昔は中身を保存・運搬するただの入れ物だった!? 中身を真空パックする実用料理だったパイが、芸術的なまでに進化する驚きの歴史。パイにこめられた庶民の知恵と工夫をお読みあれ。

２０００円

## パンケーキの歴史物語《お菓子の図書館》

ケン・アルバーラ／関根光宏訳

甘くてしょっぱくて、素朴でゴージャス――変幻自在なパンケーキの意外に奥深い歴史。あっと驚く作り方・食べ方から、社会や文化、芸術との関係まで、パンケーキの楽しいエピソードが満載。レシピ付。

２０００円

**（価格は税別）**